Faut-il gagner plus ou dépenser moins pour s'enrichir ?

Épargner régulièrement	32
CONTINOUS	34
Investir intelligemment	35
CONTINOUS	38

Chapitre 3 - Dépenser moins : Réduire ses dépenses inutiles.

Identifier les dépenses superflues	41
CONTINOUS	43
Réduire ses factures	44
CONTINOUS	47
Adopter une consommation raisonnée	48
CONTINOUS	51
Réduire les frais fixes	52
CONTINOUS	54

Chapitre 4 - Dépenser moins : Simplifier sa vie.

Minimalisme et frugalité	57

CONTINOUS	59
Réduire ses possessions	60
CONTINOUS	63
Se passer du superflu	63
CONTINOUS	66
Concentrer sur l'essentiel	67
CONTINOUS	70

Chapitre 5 - Dépenser moins : Économiser de l'argent.

Techniques d'épargne	73
CONTINOUS	75
Pauses d'achat	76
CONTINOUS	79
Rechercher des alternatives gratuites	80
CONTINOUS	83
Profiter des promotions et des réductions	84
CONTINOUS	86

Chapitre 6 - Gagner plus : Développer un business.

Créer une entreprise	89
CONTINOUS	91
Les différents business models	92
CONTINOUS	95
Trouver des clients	96
CONTINOUS	99
Développer son réseau	100
CONTINOUS	102

Chapitre 7 - Gagner plus : Innover et se diversifier.

Lancer de nouveaux produits ou services	107
CONTINOUS	109
Investir dans de nouveaux secteurs	110
CONTINOUS	113
Développer des partenariats	114

CONTINOUS	117
Transformer ses idées en profits	118
CONTINOUS	121

Chapitre 8 - Gagner plus : Négocier son salaire.

Préparation à la négociation	123
CONTINOUS	125
Les techniques de négociation	126
CONTINOUS	129
Quand et comment demander une augmentation	130
CONTINOUS	132
Les erreurs à éviter	133
CONTINOUS	136

Chapitre 9 - Gagner plus : Renforcer ses compétences.

Continuer à se former	139

CONTINOUS 141

Acquérir de nouvelles compétences 142

CONTINOUS 145

Montrer sa valeur 146

CONTINOUS 149

Être proactif dans sa carrière 149

CONTINOUS 152

Chapitre 10 - Conclusion : Trouver le bon équilibre.

Évaluer ses priorités 155

CONTINOUS 157

Combiner les deux stratégies 158

CONTINOUS 161

Planifier pour l'avenir 162

CONTINOUS 164

Construire une vie enrichissante 166

CONTINOUS 168

Chapitre 1
Introduction à l'enrichissement.

Définition de l'enrichissement

L'enrichissement est un concept qui va bien au-delà de la simple accumulation de richesse matérielle. Comprendre ce terme demande de reconnaître ses multiples dimensions, incluant la croissance financière, personnelle, et émotionnelle. Dans ce livre, notre exploration se concentrera cependant sur l'enrichissement financier, tout en gardant à l'esprit l'importance d'un équilibre global dans la vie.

Au niveau financier, l'enrichissement peut être défini comme le processus par lequel une personne augmente son revenu, améliore son patrimoine net et accroît sa sécurité économique. Ce processus implique de développer des sources de revenus diversifiées et pérennes, réduire les dettes et épargner pour le futur. Cependant, il est crucial de souligner que l'enrichissement ne réside pas seulement dans le montant d'argent que l'on possède, mais aussi dans la manière dont cet argent est géré et utilisé pour atteindre des objectifs de vie et soutenir un mode de vie souhaité.

D'autre part, l'enrichissement comporte une dimension temporelle. Il ne s'agit pas uniquement de gains immédiats, mais aussi de bâtir une base financière solide pour le long terme. Cela suppose de prendre des décisions éclairées en matière d'investissements, de planification financière et de gestion des risques. La patience et la persévérance sont des facteurs clés, tout comme la capacité à s'adapter et à apprendre de ses erreurs financières.

Il ne faut pas non plus sous-estimer l'importance de l'auto-éducation et de la croissance personnelle dans le processus d'enrichissement. Apprendre continuellement sur les finances, les investissements, et la gestion de l'argent permet de prendre des décisions informées et stratégiques. Plus encore, le développement de compétences professionnelles et entrepreneuriales permet d'améliorer sa valeur sur le marché du travail et de créer potentiellement des opportunités d'affaires lucratives.

Un autre aspect critique est l'attitude et la mentalité face à l'argent et aux finances. L'enrichissement exige une discipline financière rigoureuse, une gestion prudente des dépenses et une approche proactive de la planification financière. La mentalité d'abondance, contrairement à une mentalité de rareté, encourage à voir les opportunités plutôt que les obstacles, favorisant ainsi la croissance et l'innovation.

Enfin, il ne faut pas oublier le rôle des relations sociales et du réseau dans le processus d'enrichissement. Avoir un réseau de soutien, comprenant mentors, partenaires commerciaux, amis et famille, peut offrir des perspectives, des conseils et des opportunités qui jouent un rôle fondamental dans le parcours d'enrichissement. Les envies et les choix individuels influencent également la définition même de ce que s'enrichir signifie pour chacun. Pour certains, l'enrichissement pourra être représenté par la sécurité financière et la stabilité; pour d'autres, ce sera la capacité à explorer des passions et des projets sans contraintes financières.

CONTINOUS

En somme, l'enrichissement financier est un processus multifactoriel nécessitant une gestion prudente de ses ressources, l'éducation continue, une mentalité et une discipline financière solides, et un réseau de soutien dynamique. Dans ce livre, nous examinerons en détail les deux stratégies principales pour s'enrichir : dépenser moins et gagner plus, en mettant en lumière les avantages de chacune et comment elles peuvent s'entrelacer pour créer un chemin vers une vie financièrement enrichissante.

Les objectifs financiers

L'établissement d'objectifs financiers clairs constitue la pierre angulaire de toute démarche visant à s'enrichir. Les objectifs financiers servent de guide, balisant le chemin vers la prospérité et aidant à maintenir le cap face aux aléas et aux tentations de la vie quotidienne. S'enrichir sans avoir une direction claire est semblable à naviguer en haute mer sans boussole. C'est pourquoi, la première étape cruciale pour ceux qui aspirent à accroître leur richesse est de définir précisément leurs objectifs financiers. Etablir ces objectifs, c'est d'abord faire un bilan de sa situation financière actuelle. Cela permet d'avoir une vue d'ensemble de ses revenus, de ses dépenses, de ses dettes et de ses économies. Cette introspection est un exercice salutaire qui permet de comprendre où l'on se situe financièrement et quelles sont les marges de manœuvre possibles.

Ensuite, il convient de définir des objectifs à court, moyen et long terme. Les objectifs à court terme sont généralement ceux que l'on souhaite atteindre dans l'année à venir. Ils peuvent inclure des éléments tels que rembourser une dette particulière, accumuler un fonds d'urgence équivalent à trois mois de salaire, ou même économiser pour un achat important. Les objectifs à moyen terme, s'étalant sur trois à cinq ans, pourraient inclure des projets plus substantiels comme l'achat d'une voiture, la constitution d'un apport pour l'achat d'un logement, ou encore l'accumulation d'une somme spécifique dans un compte d'épargne ou d'investissement. Les objectifs à long terme, quant à eux, couvrent des périodes dépassant cinq ans et peuvent inclure des projets tels que la préparation à la retraite, le financement des études des enfants, ou encore l'acquisition d'un bien immobilier.

Pour que ces objectifs soient efficaces, ils doivent être spécifiquement définis, mesurables, atteignables, réalistes et temporellement déterminés. En utilisant ce principe, connu sous l'acronyme SMART, chaque objectif devient un élément tangible vers lequel on peut travailler de manière systématique. Par exemple, un objectif non spécifique comme "je veux économiser de l'argent" devient beaucoup plus concret lorsqu'il est reformulé en "je veux économiser 10 000 euros d'ici la fin de l'année". Ce niveau de précision permet de planifier les étapes nécessaires pour atteindre cet objectif et de mesurer les progrès réalisés.

Une fois les objectifs établis, il est également crucial de les prioriser. Tout le monde a des ressources limitées en termes de temps, d'argent et d'énergie, et il est donc essentiel de concentrer ces ressources sur les objectifs qui auront le plus grand impact sur sa situation financière. Certains objectifs devront peut-être être temporairement mis de côté ou modifiés pour permettre la réalisation de ceux qui sont absolument essentiels.

Le suivi régulier des objectifs financiers est une autre étape indispensable.

CONTINOUS

Il ne suffit pas de définir des objectifs ; il faut également mettre en place un système de suivi pour évaluer les progrès et ajuster les plans si nécessaire. Des logiciels de gestion financière ou même des tableurs peuvent être utiles pour surveiller les dépenses, suivre les économies et vérifier l'avancée vers chaque objectif défini.

Enfin, il est important de rester flexible et adaptable. La vie est imprévisible et des changements peuvent survenir à tout moment, nécessitant des ajustements dans la mise en œuvre des objectifs financiers. Une économie en mutation, des changements dans la vie personnelle ou professionnelle, peuvent tous influencer la capacité à atteindre certains objectifs. Il faut donc être prêt à réévaluer et ajuster les objectifs financiers au fur et à mesure que la situation évolue.

En conclusion, les objectifs financiers sont la boussole qui guide chaque individu sur le chemin de l'enrichissement. Ils permettent de transformer des aspirations vagues en plans d'action concrets, mesurables et réalisables. Ils sont le socle sur lequel repose toute stratégie financière, qu'elle soit orientée vers la réduction des dépenses ou vers l'augmentation des revenus. Définir et suivre rigoureusement ses objectifs financiers est donc une étape incontournable pour toute personne cherchant véritablement à s'enrichir.

Les grands courants de pensée

La question de l'enrichissement personnel a toujours été au cœur des préoccupations humaines, traversant différentes époques et cultures. Si les outils et les moyens pour y parvenir ont évolué au fil du temps, les grands courants de pensée qui sous-tendent cette quête d'aisance financière peuvent généralement être regroupés en deux grandes approches : celle qui préconise de dépenser moins et celle qui encourage à gagner plus. Chaque courant a ses partisans, ses principes fondamentaux, et ses philosophies sous-jacentes qui méritent d'être explorées en profondeur.

L'idée de dépenser moins est enracinée dans une certaine forme de frugalité et de simplicité volontaire. Elle s'appuie sur l'ancien adage "un sou gagné est un sou économisé", soulignant l'importance de la gestion prudente des ressources. Cette approche, souvent associée au mouvement minimaliste, prône un style de vie dépouillé de superflu. Ses adeptes croient que la surconsommation est non seulement une source de gaspillage financier, mais aussi un obstacle à une vie plus épanouie et équilibrée. En réduisant les dépenses inutiles, en adoptant une consommation plus responsable et en faisant preuve de discipline financière, ils estiment qu'il est possible de maximiser l'épargne et, par conséquent, d'accumuler des richesses. Ce courant s'appuie souvent sur des principes tels que la budgétisation rigoureuse, la suppression des dettes et l'investissement prudent des économies réalisées.

En revanche, le courant qui met l'accent sur le fait de gagner plus se concentre sur l'augmentation des revenus comme moyen principal d'enrichissement. Pour ses partisans, la clé de la prospérité réside dans l'activation et l'optimisation du potentiel de génération de revenus. Cela peut passer par l'entrepreneuriat, une amélioration des compétences afin de prétendre à des emplois mieux rémunérés, ou encore par l'exploitation de sources de revenus passifs comme les investissements dans l'immobilier ou les marchés financiers. L'idée est de ne pas se limiter à des gains fixes, mais d'opérer dans un modèle de croissance exponentielle. Une croyance sous-jacente à cette école de pensée est que les ressources financières, bien que contraintes à un instant donné, peuvent être fortement augmentées par l'innovation, la prise de risque et l'acquisition de nouvelles compétences.

Ces deux courants de pensée ne sont pas nécessairement antagonistes. En réalité, nombre de spécialistes en gestion financière conseillent une approche hybride, combinant les avantages des deux stratégies. Réduire ses dépenses inutiles permet de libérer des fonds qui peuvent être réinvestis dans des projets générateurs de revenus, créant ainsi un cercle vertueux d'enrichissement. De même, accroître ses revenus peut donner plus de latitude pour investir dans des initiatives de réduction des coûts à long terme, comme l'achat de biens immobiliers pour éviter des loyers, ou des équipements économes en énergie.

CONTINOUS

Cependant, l'application de ces stratégies varie d'un individu à l'autre, en fonction de nombre de variables personnelles, telles que la tolérance au risque, les compétences, les opportunités du marché et les aspirations de vie. L'essentiel est de trouver le juste équilibre entre la prudence et l'audace, entre la gestion rigoureuse des finances personnelles et la recherche proactive de sources de revenus additionnels. Cet équilibre permet non seulement de sécuriser des gains financiers, mais aussi d'assurer une certaine qualité de vie et une tranquillité d'esprit essentielle à long terme.

Ainsi, le débat entre gagner plus et dépenser moins pour s'enrichir est loin d'être tranché, mais comprendre les fondements de ces courants de pensée est indispensable pour élaborer une stratégie financière personnalisée et efficace.

Pourquoi vouloir s'enrichir ?

L'enrichissement ne se résume pas seulement à l'accumulation de richesses matérielles, mais englobe une quête plus profonde de bien-être, de sécurité et de liberté. Pourquoi vouloir s'enrichir ? Cette question est ancienne et universelle, traversant toutes les cultures et les âges. Plus qu'une simple aspiration à la richesse, cette recherche est souvent motivée par des désirs variés et profondément humains.

D'abord, il y a le besoin fondamental de sécurité.

L'incertitude financière peut être une source majeure de stress et d'anxiété. Se sentir à l'abri des aléas de la vie, des imprévus et des urgences est un confort inestimable. Être en mesure de couvrir les besoins essentiels comme le logement, la nourriture, les soins de santé et l'éducation est crucial. Pour beaucoup, s'enrichir signifie s'offrir la tranquillité d'esprit, loin des inquiétudes quotidiennes liées à l'argent. Cette sécurité apporte une stabilité qui permet de se consacrer à d'autres aspects de la vie sans la constante préoccupation des finances.

Ensuite, il y a l'aspiration à la liberté. L'argent est un outil puissant pour gagner du temps et de la flexibilité. À une époque où le travail occupe une place centrale dans nos vies, la liberté financière permet de choisir non seulement ce que l'on fait, mais aussi comment et quand on le fait. Cette autonomie permet de s'investir dans des projets qui passionnent, de voyager, de consacrer du temps à des proches ou encore de s'engager dans des causes philanthropiques. En fin de compte, s'enrichir, c'est souvent rechercher cette liberté de vivre la vie selon ses propres termes.

Par ailleurs, il y a le désir d'améliorer sa qualité de vie. L'enrichissement permet d'accéder à des biens et services qui améliorent notre quotidien. Une meilleure alimentation, un cadre de vie plus agréable, un accès facilité aux soins de santé et à l'éducation contribuent à une existence plus épanouie. Pouvoir se permettre un peu de luxe, se faire plaisir ou profiter de loisirs enrichissants sont des façons de rendre la vie plus douce et plus agréable.

L'enrichissement est également une question de transmission et d'héritage. Beaucoup souhaitent accumuler des richesses non seulement pour leur propre bénéfice, mais aussi pour celui de leurs proches. Assurer une éducation de qualité à ses enfants, leur offrir un bon départ dans la vie ou encore laisser un héritage qui les mettra à l'abri est une motivation puissante. De même, pouvoir soutenir ses parents vieillissants ou aider des amis en difficulté renforce les liens familiaux et sociaux.

Enfin, il y a la recherche de l'accomplissement personnel. S'enrichir est souvent accompagné d'un sentiment de réussite et de fierté. C'est la reconnaissance des efforts fournis, des compétences développées et des risques pris. Réaliser des objectifs financiers peut entretenir la confiance en soi et la conviction de pouvoir relever d'autres défis.

CONTINOUS

En parallèle, cela permet d'investir dans son développement personnel, que ce soit par l'éducation, les voyages ou la culture, contribuant ainsi à une vie plus complète et épanouie.

En conclusion, vouloir s'enrichir n'est pas une quête superficielle ou futile. C'est un désir profondément ancré dans notre humanité, mêlé de besoins essentiels, d'aspirations à la liberté, d'amélioration de la qualité de vie et de transmission. L'enrichissement, sous toutes ses formes, est une réponse aux multiples facettes de notre existence, visant à améliorer non seulement notre condition matérielle mais aussi notre épanouissement global.

Chapitre 2
Les bases de la gestion financière.

Établir un budget

Établir un budget est un élément fondamental pour quiconque souhaite assainir ses finances et accroître sa richesse. La première étape pour y parvenir est de comprendre où va votre argent. Beaucoup de personnes se laissent surprendre par leurs dépenses mensuelles, réalisant tardivement que de petits achats fréquents peuvent rapidement s'accumuler et épuiser leurs revenus. Pour surmonter cette difficulté, il est essentiel de suivre attentivement toutes les entrées et sorties d'argent. Cela signifie conserver une trace de chaque euro dépensé, que ce soit pour des nécessités comme le loyer et la nourriture, ou pour des plaisirs moins essentiels comme les sorties au restaurant ou les abonnements de streaming.

En ayant une vision claire de vos habitudes de dépense, vous pouvez commencer à identifier des tendances et des domaines dans lesquels des ajustements peuvent être effectués. Si un pourcentage important de vos revenus est consacré à des activités non essentielles, il peut être judicieux de réévaluer ces choix de dépenses. Cela ne signifie pas que vous devez vous priver complètement de plaisir, mais bien que vous devez trouver un équilibre qui vous permet de vivre confortablement tout en mettant de côté une partie de vos revenus pour des objectifs financiers à long terme. Une bonne pratique consiste à catégoriser vos dépenses et attribuer un montant fixe à chaque catégorie. Cette méthode aide à maintenir une discipline financière et éviter les dépenses impulsives.

Par ailleurs, il est important de fixer des objectifs financiers clairs. Que ce soit pour constituer un fonds d'urgence, épargner pour un achat important, ou investir en vue de la retraite, avoir des objectifs précis vous donnera une motivation supplémentaire pour respecter votre budget. Ces objectifs doivent être réalistes et atteignables, sinon ils pourraient rapidement devenir décourageants. La clé est de diviser les grands objectifs en étapes plus petites et plus gérables. Par exemple, si vous voulez épargner 10 000 euros pour un fonds d'urgence, commencez par viser 1 000 euros, puis 2 000, et ainsi de suite.

Une fois que vos objectifs sont en place, mettez en œuvre des stratégies pour y parvenir. Cela pourrait impliquer de réduire certaines dépenses ou d'augmenter vos revenus. Les réductions de dépenses peuvent provenir de grandes ou de petites décisions; cela pourrait être aussi simple que de choisir une marque générique au supermarché, ou plus significatif, comme renégocier vos contrats de services ou réduire les loisirs coûteux. D'un autre côté, chercher à augmenter ses revenus pourrait impliquer de prendre un emploi supplémentaire à temps partiel, de développer une activité en freelance, ou de demander une augmentation salariale.

Il est aussi crucial de faire preuve de flexibilité et de réévaluer régulièrement votre budget. Les imprévus et les changements de vie peuvent influencer vos finances de manière significative; un budget ne doit donc pas être statique.

CONTINOUS

Prenez l'habitude de revoir vos comptes mensuellement pour ajuster vos estimations et allocations en fonction de vos dépenses et revenus effectifs. Cette réévaluation régulière permet non seulement de maintenir le cap, mais aussi de mieux anticiper et répondre aux changements.

Établir un budget solide demande engagement et transparence avec soi-même. Cela peut sembler contraignant au début, mais les efforts en valent la peine. Non seulement cela met en lumière vos habitudes économiques, mais cela vous donne également le contrôle et la maîtrise de votre avenir financier. Ce premier pilier de gestion financière posera les bases solides pour s'enrichir, en tant que socle fondamental pour l'une ou l'autre des stratégies évoquées dans ce livre.

Suivre ses dépenses

Suivre ses dépenses est la pierre angulaire de toute gestion financière saine et efficace. Reconnaître l'importance de cette activité peut transformer radicalement la perspective que l'on a de ses finances personnelles. Dans cette section, nous explorerons en profondeur pourquoi et comment suivre ses dépenses peut révolutionner notre rapport à l'argent, tout en nous offrant la clarté nécessaire pour prendre des décisions éclairées.

La première étape pour suivre ses dépenses consiste à comprendre où va notre argent.

Beaucoup de personnes sont surprises lorsqu'elles prennent le temps de noter chaque achat, chaque paiement récurrent ou occasionnel. Il n'est pas rare de découvrir que des sommes considérables sont allouées à des dépenses souvent perçues comme insignifiantes. Ce sont ces petites sommes, répétées fréquemment, qui peuvent rapidement s'additionner et devenir une part non négligeable du budget mensuel. En les identifiant, on peut commencer à évaluer leur nécessité et envisager des moyens de les réduire ou de les éliminer.

Pour effectuer ce suivi, il est crucial de choisir le bon outil. Certains préfèrent utiliser des applications mobiles conçues pour la gestion des finances personnelles. Ces applications offrent l'avantage de synchroniser automatiquement les transactions bancaires et offrent des graphiques et des rapports simplifiés. D'autres préfèrent la traditionnelle feuille de calcul Excel, qui permet une personnalisation complète et une vue exhaustive de toutes les entrées et sorties d'argent. Indépendamment de l'outil choisi, l'essentiel est d'être régulier et rigoureux. Tenir un journal des dépenses au quotidien est une habitude qui nécessite discipline et persévérance, mais les bénéfices sont inestimables.

Une fois que toutes les dépenses sont enregistrées, il devient possible de les analyser. Cette phase d'analyse est cruciale pour identifier les postes de dépenses les plus importants et ceux qui peuvent être optimisés. Par exemple, les abonnements à divers services, les dépenses alimentaires ou les achats impulsifs peuvent être des zones où des économies peuvent être réalisées. En établissant une distinction claire entre les besoins et les envies, il devient plus facile de prendre des décisions de réduction de coûts sans compromettre la qualité de vie.

Suivre ses dépenses permet également de prévoir. En ayant une vue claire et détaillée de ses habitudes de consommation, il est plus facile d'établir un budget réaliste et de s'y tenir. Cette anticipation permet de faire face aux imprévus avec plus de sérénité, d'éviter les découvertes bancaires coûteux et d'épargner de manière proactive. Bien gérée, cette épargne peut ensuite être investie pour faire fructifier son capital.

Enfin, le suivi des dépenses a aussi un effet

psychologique non négligeable. Il aide à développer une plus grande responsabilité financière, une meilleure discipline et une autodiscipline accrue.

CONTINOUS

Lorsqu'on sait exactement où va son argent, on est plus enclin à réfléchir à deux fois avant chaque dépense, rendant chaque achat plus conscient et plus réfléchi. Cette prise de conscience continue renforce également l'estime de soi, car en prenant le contrôle de ses finances, on ressent un sentiment d'accomplissement et de maîtrise de sa vie.

En conclusion, suivre ses dépenses est une démarche essentielle pour toute personne souhaitant s'enrichir et améliorer sa situation financière. C'est un exercice qui demande rigueur et constance, mais dont les bénéfices sont multiples et durables. Il permet non seulement de réduire les dépenses superflues, mais aussi de maximiser l'épargne et d'investir intelligemment, posant ainsi les bases solides d'une gestion financière saine et prospère.

Épargner régulièrement

Épargner régulièrement est une discipline essentielle pour quiconque souhaite s'enrichir et assurer sa sécurité financière à long terme. Cela commence par une prise de conscience de l'importance de mettre de côté une partie de ses revenus de manière systématique. Le principe fondamental est simple : il s'agit d'accumuler des fonds au fil du temps pour bâtir un matelas de sécurité financière et pouvoir saisir des opportunités d'investissement.

Pour réussir à épargner régulièrement, il est crucial de comprendre que ce n'est pas seulement une question de montant, mais de régularité et de constance. Peu importe que vous commenciez par épargner seulement 5% de vos revenus, l'important est de le faire tous les mois. En instaurant cette habitude, vous allez constater que même des petites sommes, accumulées et investies judicieusement, peuvent devenir significatives sur le long terme grâce à l'effet de capitalisation.

Cette discipline d'épargne peut commencer par l'élaboration d'un budget détaillé. Un budget vous permet de préciser vos revenus et vos dépenses, d'identifier les domaines où vous pouvez réduire les coûts superflus et de déterminer le montant que vous pouvez confortablement épargner chaque mois. Une fois que vous avez un chiffre en tête, vous pouvez automatiser vos économies. Beaucoup d'institutions financières proposent des services d'épargne automatique, où une somme prédéfinie est transférée de votre compte courant à votre compte d'épargne à une date fixe chaque mois. Cette méthode de « payez-vous d'abord » vous assure que l'épargne devient une priorité et non une simple pensée après coup une fois toutes les autres dépenses effectuées.

Au-delà de la simple épargne, il est important de réfléchir à l'utilisation de ces fonds mis de côté. Laisser de l'argent dormir sur un compte courant ne génère généralement pas d'intérêts significatifs et peut même perdre de la valeur en raison de l'inflation. C'est pourquoi il est souvent plus judicieux de placer vos économies dans des produits financiers qui rapportent des intérêts ou des dividendes. Les livrets d'épargne, les comptes à terme, voire les investissements sur les marchés financiers peuvent vous aider à faire fructifier vos économies. Chaque option a ses avantages et ses risques, il est donc essentiel de s'informer ou de consulter un conseiller financier pour choisir les placements qui correspondent le mieux à votre profil de risque et à vos objectifs financiers.

En tandem avec la régularité de l'épargne, il est important d'adopter une mentalité de long terme. Les bénéfices de l'épargne régulière sont rarement immédiats. Au début, les progrès peuvent sembler lents, mais avec le temps, ils deviennent exponentiels grâce à l'effet de capitalisation. Cela nécessite une patience et une persévérance inébranlables.

CONTINOUS

De plus, en ayant des objectifs clairs – qu'il s'agisse de constituer un fonds d'urgence, de financer un projet personnel ou de préparer votre retraite – vous serez plus motivé à maintenir vos efforts d'épargne.

Enfin, il est crucial de régulariser votre stratégie d'épargne et de la réévaluer périodiquement. Vos revenus et vos dépenses peuvent changer au fil du temps, ainsi que vos objectifs financiers. En révisant régulièrement votre budget et en ajustant vos contributions d'épargne en conséquence, vous vous assurez de rester sur la bonne voie pour atteindre vos objectifs. Soyez flexible et prêt à augmenter vos efforts d'épargne lorsque cela est possible, ou à ajuster temporairement en cas de besoin.

En conclusion, épargner régulièrement est une composante essentielle de la gestion financière prudente. En combinant discipline, planification et une approche réfléchie de l'investissement, vous pouvez mettre en place une base solide pour votre avenir financier et naviguer sereinement à travers les incertitudes de la vie.

Investir intelligemment

Investir intelligemment est une composante essentielle de l'enrichissement, car il s'agit d'utiliser efficacement les ressources financières pour générer des rendements substantiels. Pour cela, il est crucial de comprendre les principes de base de l'investissement et d'adopter une approche stratégique adaptée à ses objectifs et à son profil de risque.

Tout d'abord, il est indispensable de bien connaître ses objectifs financiers. Que ce soit pour préparer sa retraite, financer des études, acheter une maison ou simplement augmenter son capital, chaque objectif nécessite une approche spécifique. Avoir une vision claire de ses objectifs permet de définir un horizon temporel précis, ce qui est fondamental pour choisir les types d'investissements adaptés. Par exemple, un objectif à court terme, comme l'achat d'une voiture, nécessitera des investissements moins risqués que des objectifs à long terme comme la retraite.

Ensuite, il est important de se renseigner sur les différents types d'investissements disponibles. Les actions, les obligations, l'immobilier, les fonds communs de placement et les investissements alternatifs tels que les cryptomonnaies ou l'art sont autant de moyens de diversifier son portefeuille. Chacun de ces instruments financiers présente des avantages et des inconvénients spécifiques, ainsi que des niveaux de risque différents. Une connaissance approfondie de ces instruments permettra de faire des choix éclairés et de construire un portefeuille équilibré.

Un des principes de base de l'investissement intelligent est la diversification. Diversifier son portefeuille, c'est répartir ses investissements sur plusieurs catégories d'actifs et secteurs d'activité afin de minimiser les risques. En effet, mettre tous ses œufs dans le même panier augmente considérablement les risques de pertes financières en cas de contre-performance d'un seul investissement. En diversifiant, on réduit les impacts négatifs éventuels et on augmente ses chances de profiter de plusieurs opportunités de gains.

En outre, il est crucial d'évaluer constamment les performances de ses investissements. Les marchés financiers sont en constante évolution, influencés par divers facteurs économiques, politiques et sociaux. Une vigilance continue permet d'ajuster son portefeuille en fonction des tendances du marché et des changements dans ses objectifs personnels. Cet ajustement peut inclure la vente de certains actifs sous-performants, le réinvestissement des gains réalisés ou encore la révision de sa stratégie d'investissement.

Un autre aspect essentiel est la gestion des

émotions. Les marchés peuvent être volatils et il est facile de succomber à la panique en cas de baisse ou à l'exubérance en période de forte hausse. Un investisseur intelligent garde la tête froide et prend des décisions basées sur des analyses objectives plutôt que sur des réactions impulsives.

CONTINOUS

La patience et la discipline sont des qualités nécessaires pour bien investir; il ne s'agit pas de chercher des gains rapides mais de viser une croissance à long terme.

Enfin, se faire accompagner par des professionnels peut grandement faciliter la démarche d'investissement. Les conseillers financiers, planificateurs et analystes spécialisés peuvent apporter des conseils précieux, des analyses pertinentes et des stratégies personnalisées en fonction de la situation financière et des objectifs de chacun. Ils possèdent les compétences et l'expérience pour naviguer sur les marchés complexes et en constante évolution.

Investir intelligemment consiste à adopter une démarche réfléchie, disciplinée et informée pour maximiser ses chances de succès. En combinant une bonne connaissance de soi, une diversification judicieuse, une évaluation régulière, une gestion émotionnelle rigoureuse et un accompagnement professionnel, chacun peut mettre toutes les chances de son côté pour s'enrichir durablement.

Chapitre 3
Dépenser moins : Réduire ses dépenses inutiles.

Identifier les dépenses superflues

Pour aborder la stratégie de dépenser moins en réduisant ses dépenses inutiles, il est essentiel de commencer par identifier ces dépenses superflues. Ce processus demande un examen franc et honnête de vos habitudes financières. Tout d'abord, la première étape consiste à comprendre où va votre argent. Pour ce faire, une méthode efficace consiste à suivre et documenter toutes vos dépenses pendant une période donnée, généralement un mois. En conservant tous vos reçus ou en utilisant des applications de gestion financière, vous pourrez obtenir une vue d'ensemble de vos différentes catégories de dépenses. Ce suivi minutieux révèle souvent des tendances insoupçonnées : des petits achats quotidiens qui s'additionnent à des montants significatifs, des abonnements non utilisés ou des sorties régulières mais non essentielles.

Par exemple, les achats impulsifs représentent une part importante des dépenses superflues. Ils sont souvent déclenchés par des offres promotionnelles, des publicités ciblées ou simplement par le désir instantané d'acquérir quelque chose de nouveau.

Pour y remédier, il est judicieux d'instaurer un délai de réflexion avant chaque achat non prévu. Cette période, qui peut varier de 24 heures à une semaine, permet d'évaluer la véritable nécessité de l'achat. Très souvent, le temps estompe l'envie initiale, prouvant que l'achat n'était pas indispensable. De plus, il est essentiel de revoir ses habitudes de consommation en matière de sorties et de loisirs. Fréquenter régulièrement des restaurants, des cafés ou des cinémas peut devenir coûteux à long terme. En contrepartie, envisager des alternatives plus économiques comme les repas faits maison, les soirées jeux ou les sorties en plein air permet de maintenir une vie sociale active tout en maîtrisant son budget.

Les abonnements sont une autre source de dépenses insidieuses. De nos jours, la souscription à des services divers comme les plateformes de streaming, les magazines en ligne ou les applications payantes est devenue monnaie courante. Souvent, ces abonnements sont renouvelés automatiquement et passent inaperçus sur nos relevés bancaires. Faire un inventaire régulier de ces abonnements, évaluer leur utilité réelle et résilier ceux qui ne sont pas utilisés fréquemment permet de réaliser des économies significatives. En parallèle, il est également bénéfique de comparer les offres et de choisir des forfaits plus adaptés à ses besoins réels.

En outre, le domaine des vêtements et des accessoires est un autre secteur où les dépenses peuvent facilement échapper au contrôle. L'achat de vêtements de marque, les tendances saisonnières et les ventes flash peuvent accentuer les dépenses vestimentaires. Adopter une garde-robe capsule, basée sur des pièces intemporelles et polyvalentes, permet non seulement de réduire les achats fréquents mais aussi de simplifier son style de vie.

CONTINOUS

Acheter en seconde main ou lors de réductions importantes sont d'autres stratégies à envisager pour économiser sans sacrifier la qualité.

Enfin, il ne faut pas sous-estimer l'impact des petites dépenses quotidiennes telles que les cafés à emporter, les snacks ou les petits plaisirs. Bien que ces achats semblent insignifiants individuellement, leur accumulation peut représenter une somme importante sur une année. Prendre l'habitude de préparer son café ou ses repas à la maison peut rapidement se traduire par des économies tangibles.

En résumé, identifier les dépenses superflues repose sur une introspection sincère de nos habitudes de consommation. En épiant attentivement le flux de nos dépenses, en élaguant les achats impulsifs, en optimisant nos abonnements et en reconsidérant nos choix de loisirs et de vêtements, nous pouvons dégager des marges financières considérables. Adopter une approche plus consciente et pragmatique de nos finances personnelles est la première étape vers une gestion plus saine et pérenne de notre patrimoine.

Réduire ses factures

Pour beaucoup, réduire les factures constitue l'un des premiers pas vers la maîtrise de ses finances et l'enrichissement personnel. Cela peut en effet paraître simple mais, en adoptant quelques stratégies judicieuses, les économies réalisées finissent par s'accumuler mois après mois, produisant un effet boule de neige. Il est essentiel de comprendre que chaque dépense fixe, quelle que soit sa signification individuelle, contribue à la somme des charges mensuelles. Dès lors, une réduction même modeste des factures peut avoir un impact significatif sur le budget global.

L'une des premières sources à explorer pour réduire ses factures est celle de l'énergie. Il peut s'agir de l'électricité, du gaz ou même de l'eau. Les simples gestes tels que l'extinction des lumières en quittant une pièce, l'utilisation des ampoules LED à faible consommation, revêtent une importance capitale. De même, l'installation de régulateurs de débit sur les robinets ou de toilettes à double chasse peut aider à limiter la consommation d'eau. Le recours à des systèmes de domotique pour gérer le chauffage et la climatisation hors des heures de présence à domicile constitue une autre solution pour économiser. Moderniser son isolation ou son système de chauffage en optant pour des solutions plus économes en énergie peut représenter un investissement initial conséquent, mais le retour sur investissement en termes d'économies de facture d'énergie est souvent très rapide.

Une autre voie courante de réduction de dépenses est celle des divers abonnements. Internet, téléphone, télévision câblée : autant de services pour lesquels il est souvent possible de négocier un tarif plus avantageux ou même de renoncer aux options superflues. L'une des meilleures manières d'y parvenir est de comparer régulièrement les offres des différents fournisseurs et de ne pas hésiter à faire jouer la concurrence. Cela vaut aussi pour les assurances, que ce soit l'assurance habitation, l'assurance auto ou encore les mutuelles de santé. Faire le point sur ces contrats, analyser ses besoins réels et chercher des alternatives peut permettre de réaliser des économies substantielles.

La réduction des factures passe également par une utilisation intelligente des technologies. Par exemple, utiliser des applications mobiles qui permettent de suivre en temps réel sa consommation de données ou d'énergie peut aider à prendre conscience de ses habitudes et à les corriger. De plus, certains comparateurs en ligne permettent de faire des simulations personnalisées pour identifier les offres les plus adaptées selon sa consommation réelle.

L'alimentation numérique et électronique prend aussi une place considérable dans nos budgets. Pour ceux qui utilisent régulièrement les services de streaming ou de musique en ligne, choisir des formules groupées ou familiales permet de réaliser des économies.

CONTINOUS

En matière de téléphonie, par exemple, supprimer les services payants non nécessaires, comme les messageries vocales avancées ou les assurances vol et casse inutiles si le téléphone est déjà couvert par une assurance habitation, peut contribuer à réduire une facture.

Enfin, il ne faut pas négliger l'impact de la consommation collaborative et des ressourceries. Plutôt que d'acheter systématiquement des nouveaux appareils électroménagers ou des meubles, pourquoi ne pas se tourner vers les solutions de partage, de prêt ou d'achat de seconde main ? Ces alternatives sont souvent moins coûteuses et s'inscrivent dans une démarche plus durable et responsable.

En somme, réduire ses factures est une démarche qui implique une prise de conscience de ses habitudes de consommation mais aussi une volonté de changer ces dernières pour tendre vers davantage de rationalité et d'économie. Chaque geste, chaque décision, aussi anodine soit-elle, contribue à alléger le poids des charges fixes et à libérer des ressources financières pour d'autres projets ou investissements. La route vers l'enrichissement commence souvent par ces petits pas, qui, mis bout à bout, tracent le chemin d'un avenir financier serein et prospère.

Adopter une consommation raisonnée

Adopter une consommation raisonnée est une étape essentielle pour réduire ses dépenses inutiles et simplifier sa vie. Le concept de consommation raisonnée repose sur l'idée de réévaluer ses besoins réels et de faire des choix plus conscients et réfléchis avec son argent. Dès lors, s'orienter vers une consommation raisonnée implique une prise de conscience de ses habitudes d'achat et une volonté de transformer ces habitudes pour mieux gérer ses finances.

La première clé pour adopter une consommation

raisonnée est de développer une compréhension claire de ses priorités et de ses véritables besoins. Lorsqu'on est confronté à une envie d'achat, il est utile de se poser la question : "S'agit-il d'un désir ou d'une nécessité ?" Cela permet de distinguer entre les objets ou services essentiels et ceux qui ne sont que superflus. Cette interrogation permet de réduire les achats impulsifs, souvent alimentés par des émotions passagères ou des influences extérieures telles que la publicité. En se concentrant sur ce qui est réellement nécessaire, on peut éviter les dépenses inutiles et diriger son argent vers ce qui apporte une réelle valeur ajoutée à sa vie.

Par ailleurs, adopter une consommation raisonnée passe par le fait de privilégier la qualité à la quantité. Acheter des produits de meilleure qualité, même s'ils sont initialement plus chers, peut se révéler plus économique à long terme. Ces produits durent plus longtemps et nécessitent moins de remplacements, réduisant ainsi les coûts sur la durée. De plus, choisir des articles de qualité encourage une attitude de prise en charge et de soin des biens, réduisant ainsi le cycle effréné de consommation et de gaspillage.

En outre, la consommation raisonnée implique également de repenser la manière dont on utilise les ressources disponibles. Par exemple, adopter des pratiques telles que réparer plutôt que remplacer les objets, ou acheter d'occasion au lieu de neuf, peut contribuer à limiter les dépenses inutiles. Cela nécessite une ouverture d'esprit et une certaine créativité pour voir la valeur dans le recyclage et la réutilisation. C'est aussi une façon de contribuer positivement à l'environnement en réduisant son empreinte écologique.

En adoptant une consommation raisonnée, il est également pertinent de mettre en place des stratégies pour contrôler ses dépenses mensuelles. Cela peut inclure la création et l'adhérence à un budget rigoureux, qui permet de suivre où va chaque euro dépensé. Un budget bien planifié peut révéler des zones de dépenses excessives ou non nécessaires, offrant ainsi des opportunités pour réaliser des économies. L'élaboration d'un budget peut sembler contraignante au départ, mais c'est un outil crucial pour maintenir une consommation raisonnée et assurer une gestion financière saine.

Un autre aspect de la consommation raisonnée est

de réduire sa dépendance aux biens matériels pour trouver du bonheur et de la satisfaction.

CONTINOUS

Cela rejoint le concept de minimalisme, où l'on valorise davantage les expériences et les relations que la possession de biens matériels. En se concentrant sur ce qui importe vraiment – comme passer du temps avec des proches, s'engager dans des loisirs constructifs ou explorer de nouvelles passions – on peut réduire le besoin de dépenses inutiles pour essayer de combler un vide émotionnel.

En somme, adopter une consommation raisonnée est une démarche progressive qui demande de la réflexion et des ajustements dans notre quotidien. C'est un processus qui appelle à une prise de conscience continue de ses habitudes de consommation et à un engagement à faire des choix plus durables et réfléchis. En réduisant les dépenses inutiles et en simplifiant sa vie, on peut non seulement économiser de l'argent, mais aussi construire une existence plus équilibrée et satisfaisante, libérée de l'accumulation matérialiste et des pressions financières superflues.

Réduire les frais fixes

Réduire ses frais fixes est une étape cruciale pour maîtriser son budget et entamer un chemin vers l'enrichissement. Les frais fixes sont ces dépenses récurrentes que l'on ne peut éviter, telles que le loyer, les factures d'électricité, d'eau, et d'internet, les assurances, et les paiements liés aux crédits. Ces charges, bien que souvent perçues comme inévitables, peuvent néanmoins être optimisées. L'une des premières actions à entreprendre est de s'interroger sur la pertinence de ses dépenses en logement. Si le loyer constitue une part prépondérante de vos revenus, il peut être judicieux de réfléchir à des options alternatives. Par exemple, déménager dans un quartier moins coûteux, envisager la colocation ou même négocier une réduction de loyer avec votre propriétaire sont autant de possibilités susceptibles de réduire cette charge.

Poursuivant sur cette même lancée, la restructuration des contrats de services est également une opportunité pour diminuer les coûts fixes. Il est fréquent que l'on reste fidèle à une compagnie pour son abonnement internet, téléphone ou pour ses assurances sans considérer les alternatives disponibles. Pourtant, le marché regorge d'offres concurrentielles. Prendre le temps de comparer et éventuellement négocier de meilleurs tarifs peut donner des résultats surprenants. Parfois, il suffit de passer un coup de fil pour renégocier son contrat et obtenir un rabais significatif. Traquer les promotions, renégocier les clauses inutiles de ses contrats ou encore regrouper ses abonnements sont autant de stratégies potentiellement lucratives.

L'approche de réduction des frais fixes s'applique également aux consommations énergétiques. Limiter la consommation d'électricité et d'eau peut paraître anecdotique, mais les économies cumulées sur le long terme peuvent être substantielles. Investir dans des appareils économes en énergie, adopter des gestes écoresponsables comme éteindre les lumières en sortant d'une pièce, diminuer la température de chauffage ou encore surveiller les déperditions d'eau sont autant de petites actions qui, mises bout à bout, allègent significativement les factures. En allant plus loin, comparer les fournisseurs d'énergie et changer pour un prestataire offrant un tarif plus bas est une démarche souvent simple et efficace.

Entamer un examen scrupuleux de ses contrats d'assurances représente également une zone de forte potentiel d'économies. Les assurances, bien que nécessaires, peuvent être ajustées en fonction des besoins réels. Il est alors bénéfique de passer en revue chaque contrat en scrutant les garanties superflues. Faire jouer la concurrence pour obtenir un meilleur prix ou encore opter pour des franchises plus élevées – si la situation personnelle le permet – peut se traduire par une baisse substantielle des primes.

Les moyens de transport constituent un autre poste de frais fixes sur lequel il est possible d'intervenir.

CONTINOUS

Entretenir une voiture est coûteux, entre l'essence, l'assurance, l'entretien et les réparations. Réévaluer la nécessité de posséder un véhicule, envisager le covoiturage ou se tourner vers les transports en commun peuvent offrir des solutions attrayantes pour réduire ces dépenses. En milieu urbain, adopter le vélo ou la marche pour les petits trajets permet non seulement de minimiser les frais mais contribue également à une meilleure santé physique et environnementale.

Chaque élément de ce recalcul budgétaire prend du temps et de l'énergie mais la récompense est tangible. L'important est de ne jamais perdre de vue l'objectif final : récupérer des sommes qui, accumulées mois après mois, pourront être réinvesties intelligemment pour générer des revenus supplémentaires. La méthode repose sur une approche proactive et régulière, où chaque révision permet de tailler dans les coûts fixes, rendant ainsi plus aisée la gestion des finances et ouvrant la voie à l'enrichissement.

Chapitre 4
Dépenser moins :
Simplifier sa vie.

Minimalisme et frugalité

Le minimalisme et la frugalité sont deux concepts puissants qui peuvent transformer notre relation avec l'argent et, par extension, notre vie entière. En adoptant une approche plus claire et consciente de nos possessions et de notre mode de vie, nous découvrons souvent que moins peut réellement signifier plus : plus de liberté, plus de sérénité et, finalement, plus de richesse. Le minimalisme ne consiste pas seulement à se débarrasser de tout et à vivre avec le strict minimum, mais à faire des choix délibérés quant à ce qui mérite vraiment notre attention, notre temps et notre argent.

Pour beaucoup, la première étape vers le minimalisme commence par une désencombrement physique. Nos maisons regorgent souvent de biens inutiles qui ne font qu'encombrer notre espace et notre esprit. En nous débarrassant de ce superflu, nous créons non seulement un environnement plus paisible, mais nous commençons aussi à nous questionner sur nos impulsions d'achat. Chaque objet que nous possédons nécessite de l'entretien, une place chez nous et, dans bien des cas, une part de notre budget. Réduire ces possessions signifie réduire ces coûts récurrents. Toutefois, le minimalisme va au-delà de l'aspect physique ; il touche également notre emploi du temps. En simplifiant nos engagements et nos préoccupations, nous libérons du temps pour ce qui compte vraiment. Le temps, après tout, est une des ressources les plus précieuses qu'on ne peut acheter avec de l'argent.

La frugalité, souvent perçue comme une privation, est en fait une forme de vie plus consciente. Adopter un mode de vie frugal ne signifie pas se priver des plaisirs de la vie, mais plutôt être plus sélectif et réfléchi quant à la manière dont nous dépensons notre argent. Il s'agit de valoriser chaque dépense et de s'assurer qu'elle apporte une réelle valeur ajoutée à notre vie. Plutôt que de céder à la tentation de la consommation impulsive, la frugalité nous invite à réfléchir sur nos besoins essentiels. Par exemple, cuisiner à la maison non seulement coûte moins cher que de manger à l'extérieur, mais peut aussi être bien plus satisfaisant et nutritif. En investissant dans des expériences enrichissantes plutôt que dans des biens matériels, nous commençons à comprendre que la vraie richesse ne se mesure pas en accumulation, mais en qualité de vie.

Le minimalisme et la frugalité sont donc intrinsèquement liés. La réduction de nos possessions et de nos dépenses va de pair avec un mode de vie plus simple et significatif. Ces choix ne sont pas des sacrifices, mais des investissements dans un mode de vie plus paisible et plus riche en expériences. Chaque achat, chaque engagement doit être une décision consciente, alignée avec nos valeurs et nos objectifs de vie. En évitant de gaspiller notre argent sur des choses superficielles, nous nous donnons les moyens de nous concentrer sur ce qui compte vraiment.

CONTINOUS

Cela pourrait signifier épargner pour un avenir plus sûr, investir dans notre développement personnel ou même créer des souvenirs précieux avec nos proches.

En fin de compte, le minimalisme et la frugalité nous enseignent que la véritable richesse réside dans la liberté de vivre une vie alignée avec nos véritables désirs et valeurs. En simplifiant notre vie et en adoptant une consommation plus réfléchie, nous ouvrons la porte à une existence plus épanouissante et significative. Cela peut sembler contre-intuitif dans une société qui prône l'accumulation, mais ceux qui ont emprunté ce chemin témoignent souvent d'une paix intérieure et d'un sentiment de libération difficilement égalables. Simplifier pour enrichir : voici une vérité intemporelle qui mérite d'être explorée et adoptée.

Réduire ses possessions

Réduire ses possessions est une démarche essentielle dans le processus de simplification de sa vie et de réduction de ses dépenses. Vivre avec moins n'est pas seulement une question de contrainte financière, mais c'est aussi une vraie philosophie de vie qui consiste à privilégier la qualité à la quantité, à se concentrer sur l'essentiel et à trouver une forme de liberté dans le minimalisme. En se débarrassant du superflu, on parvient à alléger non seulement son espace de vie, mais aussi son esprit.

Le premier bénéfice palpable de la réduction de ses possessions est la diminution des dépenses superflues. En accumulant moins d'objets, on achète moins souvent et on se libère des pièges de la consommation compulsive. Chaque objet possède un coût initial, mais aussi des coûts cachés, tels que l'entretien, le stockage et parfois même des réparations. Par exemple, en possédant moins de vêtements, il est plus facile de prendre soin de ceux que l'on possède, ce qui prolonge leur durée de vie et réduit la nécessité de les remplacer fréquemment. De plus, en réfléchissant davantage avant chaque achat, on fait des choix plus judicieux qui correspondent réellement à nos besoins et à nos valeurs.

Ensuite, réduire ses possessions aide à clarifier son espace de vie. Un espace dégagé et bien organisé procure une sensation de bien-être et de sérénité. Il est plus facile de se concentrer, de relaxer et de profiter de chaque instant lorsque l'environnement dans lequel on vit n'est pas encombré d'objets inutiles. Un espace ordonné diminue le stress et l'anxiété, favorisant ainsi la concentration et la productivité. Ce changement a un impact direct sur notre état mental et notre capacité à apprécier les simples plaisirs de la vie.

La réduction des possessions invite également à une réflexion plus profonde sur nos véritables besoins et désirs. On apprend à distinguer l'essentiel du superflu, à reconnaître ce qui apporte réellement du bonheur et ce qui ne fait que remplir un vide temporaire. Ce processus de discernement permet de développer une conscience accrue de nos modes de consommation et de nos habitudes de vie. Par exemple, on peut réaliser qu'il est inutile de posséder de multiples gadgets électroniques si l'on ne se sert réellement que de quelques-uns. Cette prise de conscience contribue à des choix plus durables et respectueux de l'environnement, car elle s'inscrit dans une démarche de consommation responsable.

En se délestant des objets matériels, on crée également de l'espace pour les expériences et les relations humaines, qui sont souvent bien plus enrichissantes et mémorables. Le minimalisme encourage à investir dans des moments de qualité avec ses proches, à explorer de nouvelles activités et à s'engager dans des passions et des hobbies qui apportent une réelle satisfaction. La richesse intérieure que l'on gagne par ces expériences est souvent bien plus précieuse que les biens matériels que l'on accumule.

CONTINOUS

Enfin, réduire ses possessions peut aussi libérer des ressources financières pour des investissements plus stratégiques. Au lieu de disperser son argent dans des achats impulsifs et souvent inutiles, on peut l'utiliser pour épargner, investir ou même se former sur des sujets qui peuvent améliorer sa qualité de vie et son bien-être à long terme. Par exemple, l'argent économisé en achetant moins d'objets peut être placé dans un fonds d'urgence, des actions ou des obligations, ou encore investi dans des formations professionnelles qui augmentent notre potentiel de revenus futurs.

En conclusion, réduire ses possessions est une démarche qui offre de nombreux avantages, tant sur le plan financier que personnel. Simplifier sa vie en se débarrassant de l'encombrant permet non seulement de faire des économies substantielles, mais aussi de vivre de manière plus épanouie et sereine. C'est un chemin vers une existence plus authentique, ancrée dans l'essentiel et riche de ce qui compte vraiment.

Se passer du superflu

Se passer du superflu est un acte libérateur qui permet non seulement de créer de l'espace dans notre environnement physique, mais aussi de purifier notre esprit. À une époque où la surconsommation règne, se débarrasser du superflu peut sembler radical et à contre-courant, mais cela offre des bénéfices qui vont bien au-delà de simples économies financières. Pour entreprendre cette démarche, il est crucial de comprendre la différence entre nos besoins réels et nos désirs imposés par la société de consommation. En identifiant ce dont nous avons réellement besoin pour vivre en toute simplicité, nous prenons le contrôle de notre vie et réduisons nos niveaux de stress et d'anxiété.

L'une des premières étapes pour se passer du superflu consiste à évaluer honnêtement nos possessions. Il est essentiel de faire l'inventaire de nos biens et de questionner la valeur ajoutée de chaque objet. Lorsque nous prenons conscience du nombre de choses inutiles que nous accumulons, nous réalisons que nos possessions matérielles ont tendance à nous posséder. Plus nous avons d'objets, plus nous devons consacrer de temps et d'énergie à leur entretien, leur rangement et leur protection. En éliminant les choses superficielles, nous simplifions notre quotidien et libérons du temps pour des activités enrichissantes et significatives.

Le désencombrement de notre espace de vie contribue à une meilleure clarté mentale. Un environnement épuré et bien organisé favorise la sérénité et la concentration, réduisant ainsi notre stress. Se débarrasser du superflu signifie également apprendre à valoriser ce que nous possédons déjà et en prendre soin avec plus d'attention. Par exemple, au lieu d'acheter fréquemment de nouveaux vêtements, nous pouvons réparer ceux que nous avons ou explorer des méthodes alternatives comme l'échange et le troc. Cette approche ne renforce pas seulement notre créativité, mais elle nous aide aussi à apprécier davantage chaque article que nous possédons.

En renonçant au superflu, nous réévaluons également nos habitudes de consommation. Plutôt que de nous laisser emporter par la tentation des dernières tendances ou des gadgets à la mode, nous développons une conscience plus aiguisée de nos achats. Nous commençons à privilégier la qualité sur la quantité et favorisons des produits durables et éthiques. Cette redéfinition de nos priorités de consommation a un impact positif sur notre portefeuille ainsi que sur notre empreinte écologique. En consommant moins, nous réduisons non seulement nos dépenses, mais nous contribuons également à une utilisation plus responsable des ressources de notre planète.

En outre, se passer du superflu est une invitation à se concentrer sur l'essentiel et à cultiver des expériences immatérielles. Au lieu d'accumuler des objets, nous investissons dans des moments de qualité avec nos proches, dans le développement de compétences ou dans des activités qui nourrissent notre âme.

CONTINOUS

Les souvenirs et les relations ne prennent pas de place dans nos placards, mais ils enrichissent notre vie de manière profonde et durable. Ainsi, en nous libérant du superflu, nous faisons de la place pour l'essentiel, créant une existence plus significative et harmonieuse.

En fin de compte, se passer du superflu est une démarche qui nous recentre sur l'essentiel de la vie. Cela nous offre la possibilité de nous réapproprier notre temps, notre espace et notre énergie, nous permettant de vivre de façon plus authentique et épanouissante. Commencer cette transition demande du courage et de la détermination, mais les bénéfices en valent largement la peine. En choisissant de simplifier notre vie et d'éliminer le superflu, nous posons les bases d'une existence plus libre, sereine et riche en expériences et en découvertes.

Concentrer sur l'essentiel

Concentrer sur l'essentiel est l'une des clés pour réussir à dépenser moins et s'enrichir. Dans notre monde moderne, nous sommes sans cesse bombardés de sollicitations et de tentations qui nous poussent à consommer toujours plus. Publicités en ligne, vitrines attractives, recommandations sociales, tout semble être conçu pour nous inciter à ouvrir notre portefeuille. Pourtant, une approche consciente et réfléchie de nos dépenses peut nous aider à changer cette tendance et à adopter un mode de vie plus sobre, centré sur ce qui compte réellement.

La première étape pour se concentrer sur l'essentiel est de prendre du recul et de réfléchir à ses véritables besoins et priorités. Souvent, nous confondons nos désirs et nos besoins, ce qui nous amène à acheter des choses superflues. Un exercice utile consiste à dresser une liste de ce qui est vraiment indispensable pour vous sentir bien et épanoui. Par exemple, avoir un toit au-dessus de sa tête, se nourrir sainement, entretenir des relations sociales enrichissantes. En vous focalisant sur ces besoins fondamentaux, vous pouvez mieux identifier les dépenses inutiles qui n'apportent que peu ou pas de satisfaction véritable à long terme.

Une fois cette prise de conscience effectuée, il est important de passer à l'action en simplifiant son quotidien. Par exemple, vous pouvez commencer par faire du tri dans vos possessions. Posséder moins d'objets permet souvent de se sentir plus léger, moins encombré physiquement et mentalement. Cela signifie aussi moins de tentations et de distractions. En vendant ou en donnant ce dont vous n'avez pas besoin, vous pouvez non seulement alléger votre espace de vie, mais aussi générer des revenus supplémentaires ou faire des heureux autour de vous.

Réduire le nombre de choses dont vous avez besoin peut aussi vous encourager à adopter de meilleures habitudes de consommation. Par exemple, en achetant des produits de meilleure qualité même s'ils sont un peu plus chers, vous investissez dans la durée. Ces produits durent plus longtemps et procurent souvent une plus grande satisfaction. Cela vous évite de tomber dans la spirale des achats fréquents de produits bon marché, qui finissent par coûter plus cher à long terme.

L'idée de se concentrer sur l'essentiel s'étend également à la gestion de votre temps et de vos engagements personnels. Trop souvent, nous nous surchargons de tâches et d'activités qui n'apportent pas un véritable enrichissement ou une satisfaction. En élaguant les engagements superflus et en recentrant votre emploi du temps sur ce qui est véritablement important pour vous, vous pouvez gagner en sérénité et en efficacité. Moins de stress et plus de clarté mentale peuvent vous aider à prendre de meilleures décisions financières et à apprécier davantage les petits plaisirs de la vie.

CONTINOUS

S'enrichir par le biais de la simplification et de la réduction des dépenses inutiles est un cheminement qui nécessite une vigilance constante et une réflexion honnête sur vos choix de vie. En revenant à l'essentiel et en questionnant régulièrement vos besoins réels, vous pouvez construire une vie qui est à la fois plus satisfaisante et financièrement plus stable. Ce n'est pas seulement une question de chiffres, mais aussi de qualité de vie et de bien-être mental. En privilégiant ce qui compte vraiment, vous créez un environnement propice à l'enrichissement tant matériel qu'émotionnel.

Chapitre 5
Dépenser moins :
Économiser de l'argent.

Techniques d'épargne

L'épargne est souvent perçue comme une discipline complexe et laborieuse, mais elle représente une étape essentielle dans le processus d'enrichissement. La clé réside dans le développement de techniques d'épargne efficaces, intégrées de manière fluide et naturelle dans notre quotidien. Pour ce faire, il est primordial de comprendre votre situation financière actuelle en analysant vos revenus et vos dépenses. En identifiant les domaines où vous pouvez réduire vos dépenses sans sacrifier votre qualité de vie, vous pourrez mettre en place un plan d'épargne robuste.

L'une des premières étapes consiste à établir un budget détaillé. Ce budget doit inclure toutes vos sources de revenus ainsi que l'ensemble de vos dépenses, des plus essentielles comme le loyer ou les charges fixes, aux plus frivoles comme les sorties au restaurant ou les achats impulsifs. En ayant une vue d'ensemble de vos finances, vous pouvez commencer à identifier les dépenses qui peuvent être réduites ou complètement éliminées. Mais établir un budget ne suffit pas, il faut s'y tenir rigoureusement. Une fois le budget établi, il devient crucial de surveiller et d'évaluer régulièrement vos dépenses pour vous assurer de respecter ces prévisions.

En parallèle, la création d'un fonds d'urgence est une technique d'épargne fondamentale. Ce fonds doit représenter entre trois et six mois de vos dépenses courantes et doit être facilement accessible en cas de coup dur. En disposant de cet argent, vous êtes moins susceptible de puiser dans vos économies à long terme en cas d'imprévu, ce qui vous protège des dettes et des intérêts élevés associés à l'endettement.

Une autre technique consiste à automatiser vos économies. De nombreuses banques offrent désormais des services qui vous permettent de transférer automatiquement une certaine somme d'argent de votre compte courant à votre compte d'épargne à intervalles réguliers. En automatisant ce processus, l'épargne devient une habitude, et vous n'avez pas à vous rappeler chaque mois de mettre de l'argent de côté. Cela vous empêche aussi de dépenser des sommes que vous auriez pu économiser.

Le minimalisme financier joue également un rôle clé dans votre stratégie d'épargne. Adoptez une approche plus minimaliste dans votre consommation en vous demandant si chaque achat est vraiment nécessaire. En réduisant les achats impulsifs et les possessions matérielles superflues, vous verrez vos dépenses se réduire de manière significative, tout en appréciant ce que vous avez déjà. Le minimalisme peut également s'étendre à d'autres aspects de votre vie, tels que la simplification de vos abonnements et services que vous n'utilisez plus ou peu.

En outre, la concurrence entre les fournisseurs peut être exploitée pour économiser de l'argent. Qu'il s'agisse de fournisseurs d'énergie, de services de télécommunications ou d'assurances, faire jouer la concurrence peut vous permettre de bénéficier de tarifs plus avantageux.

CONTINOUS

Comparer régulièrement les offres et ne pas hésiter à renégocier vos contrats ou à changer de prestataire peut faire une différence significative dans vos dépenses annuelles.

Enfin, il est important d'adopter une mentalité de frugalité sans tomber dans l'extrême. Il s'agit de faire preuve de responsable et de discernement dans vos dépenses, tout en vous permettant de profiter de la vie. Par exemple, faire des choix judicieux en matière d'alimentation, comme cuisiner à la maison plutôt que de manger à l'extérieur, ou d'acheter des vêtements et des biens de qualité qui dureront dans le temps, peuvent vous faire économiser de l'argent sur le long terme sans pour autant sacrifier votre bien-être.

En développant et en adoptant ces techniques d'épargne, vous pouvez non seulement réduire vos dépenses, mais aussi mettre de l'argent de côté de manière régulière et constante. Cela vous permettra de vous enrichir progressivement et durablement, tout en vous préparant à faire face aux imprévus de la vie avec sérénité. L'épargne, loin d'être une contrainte, devient alors un outil puissant pour atteindre vos objectifs financiers et vivre une vie plus épanouie.

Pauses d'achat

Dans notre quête d'économies, l'une des stratégies les plus efficaces et souvent sous-estimées est de mettre en place ce que l'on appelle des "pauses d'achat". Cette approche consiste à instaurer une période de réflexion avant toute acquisition potentielle. À une époque où la société de consommation nous pousse à acheter impulsivement, prendre le temps de réfléchir peut se révéler être une arme redoutable contre les dépenses inutiles et les achats impulsifs.

La première étape d'une pause d'achat consiste à différer l'acte d'achat de quelques heures, voire de quelques jours. Cette période de réflexion permet de se poser des questions essentielles : est-ce que j'en ai vraiment besoin ? Cet achat va-t-il réellement améliorer ma qualité de vie ou est-ce simplement une envie passagère ? Souvent, en retardant notre acte d'achat, nous prenons conscience que le désir s'amenuise et que ce qui semblait être une nécessité n'est en réalité qu'un caprice temporaire. Cette distance temporelle entre le moment où l'envie surgit et celui où l'on pourrait passer à l'action permet de dissiper l'illusion de besoin créée par le marketing et la publicité.

Ensuite, durant cette pause, il est important de revenir à l'essentiel. Notre besoin fondamental en matière de biens est souvent bien moins important que ce que nous pensons. Laisser du temps pour évaluer nos véritables besoins nous aide à différencier l'essentiel du superflu. Par exemple, un nouvel appareil électronique ou une nouvelle pièce de vêtement nous semble souvent irrésistible sous l'effet de la nouveauté. En réalité, en prenant une pause, on réalise que l'ancien modèle ou ce que l'on possède déjà peut très bien convenir pour un long moment encore.

L'aspect émotionnel est également crucial. Les achats impulsifs sont souvent stimulés par des émotions telles que le stress, l'ennui, ou même la tristesse. Les marketers savent parfaitement exploiter ces faiblesses humaines pour nous pousser à consommer toujours plus. Par conséquent, une pause d'achat permet non seulement de calmer l'excitation du moment, mais aussi de gérer ses émotions de manière plus saine et constructive. Prendre le temps de comprendre l'origine de cette envie dépensière permet de traiter le fond du problème sans pour autant alourdir notre portefeuille de dépenses inutiles.

La pratique de la pause d'achat va aussi de pair

avec une réflexion sur ses priorités financières. Il peut être utile de tenir un journal des dépenses et de noter chaque achat envisagé lors de la pause. Ensuite, en revenant régulièrement sur cette liste, on peut constater que beaucoup de ces objets perdent de leur attrait au fil du temps. En revanche, les véritables besoins ou envies bien réfléchis restent présents. Cette méthode permet de recentrer ses finances sur ce qui est réellement important et de réduire drastiquement les dépenses superflues.

Enfin, instaurer des pauses d'achat régulières développe une discipline financière bénéfique sur le long terme.

CONTINOUS

Ce n'est pas seulement une technique pour économiser de l'argent, mais un véritable changement d'état d'esprit. En apprenant à différer la satisfaction immédiate, nous cultivons une approche plus durable et réfléchie de notre consommation. À terme, cela permet de faire des choix plus judicieux, d'éviter les dettes liées aux achats compulsifs et d'orienter ses finances vers des objectifs plus importants et gratifiants, comme l'investissement ou l'épargne pour des projets de vie significatifs.

En somme, les pauses d'achat se révèlent être une pratique précieuse pour maîtriser son budget et redonner du sens à sa consommation. En prenant le temps de réfléchir avant de dépenser, nous nous donnons les moyens de vivre de manière plus consciente, plus sereine et surtout, plus en accord avec nos véritables besoins et objectifs financiers.

Rechercher des alternatives gratuites

Rechercher des alternatives gratuites est une étape cruciale lorsqu'on cherche à réduire ses dépenses et à simplifier sa vie. Souvent, nous sommes tellement habitués à payer pour des biens et services que nous n'envisageons même pas les vastes possibilités qui s'offrent à nous gratuitement. Adopter cette mentalité peut transformer votre approche financière, vous permettant d'économiser de l'argent de manière significative sans pour autant sacrifier la qualité de vie. Cet effort commence par une prise de conscience et une volonté de remettre en question nos habitudes de consommation.

L'un des domaines où les alternatives gratuites peuvent vraiment faire une différence est le divertissement. Au lieu d'acheter des billets de cinéma ou de théâtre, pourquoi ne pas explorer les nombreuses activités gratuites disponibles dans votre ville ? Les parcs offrent souvent des concerts gratuits, des festivals ou des événements sportifs. Les bibliothèques ne se contentent pas de prêter des livres ; elles proposent également des films, des magazines, des ateliers et des conférences. Utiliser ces ressources locales permet non seulement d'économiser de l'argent, mais aussi de découvrir et de soutenir votre communauté.

Le monde numérique offre une myriade d'options gratuites aussi. Par exemple, les podcasts et les chaînes YouTube sont devenus d'excellentes sources d'apprentissage et de divertissement sans frais. Les plateformes comme Coursera, edX et Khan Academy offrent des cours en ligne gratuits délivrés par des universités reconnues. Apprendre de nouvelles compétences ou s'informer sur des sujets d'intérêt sans dépenser un centime devient alors tout à fait réalisable. Même pour les abonnements de divertissement, les périodes d'essai gratuites peuvent vous permettre de profiter de services payants sans engager de dépenses immédiates.

Dans le domaine de la santé et du bien-être, envisager des alternatives gratuites peut aussi se révéler extrêmement bénéfique. Par exemple, plutôt que de s'abonner à une salle de sport, pourquoi ne pas explorer des parcs locaux où vous pouvez courir, faire des randonnées ou du vélo ? De plus, de nombreux cours de yoga ou de fitness sont disponibles en ligne gratuitement, permettant de faire de l'exercice depuis le confort de votre domicile.

La nourriture est un autre domaine où des alternatives gratuites peuvent être trouvées. Les jardins communautaires et les échanges de récoltes avec voisins et amis peuvent réduire considérablement la facture d'épicerie. De plus, apprendre à cuisiner de façon créative avec des ingrédients de base disponibles à la maison peut économiser beaucoup d'argent par rapport à manger à l'extérieur ou acheter des plats préparés.

Les vêtements et les articles ménagers peuvent également être utilisés comme opportunités pour explorer les alternatives gratuites.

CONTINOUS

Les échanges de vêtements, les dons des amis ou des membres de la famille, et même les groupes en ligne dédiés au troc, sont d'excellentes façons de renouveler votre garde-robe ou de trouver ce dont vous avez besoin sans débourser un centime. Les plateformes comme Freecycle ou les groupes Facebook de dons locaux facilitent grandement ce processus.

Pour profiter pleinement de ces alternatives gratuites, une petite dose de créativité et d'initiative est souvent nécessaire. Il s'agit de changer de perspective et de voir la valeur dans les ressources disponibles plutôt que dans celles qui sont achetées. Cette démarche peut mener non seulement à des économies significatives mais aussi à une vie plus riche en expériences, en relations et en satisfaction personnelle.

En conclusion, rechercher des alternatives gratuites signifie adopter une nouvelle mentalité axée sur l'ingéniosité et la simplicité. En évaluant vos besoins et en explorant les solutions gratuites disponibles, vous pouvez transformer votre approche financière et améliorer votre qualité de vie sans compromettre ce qui vous tient à cœur. Cela nécessite un petit effort initial mais les avantages peuvent être considérables, tant pour votre portefeuille que pour votre sens de la communauté et du bien-être personnel.

Profiter des promotions et des réductions

Profiter des promotions et des réductions est une stratégie efficace pour réduire ses dépenses et économiser de l'argent. Les promotions et les réductions permettent d'acheter des produits et des services à des prix inférieurs aux tarifs habituels, ce qui peut significativement alléger le budget familial sans pour autant sacrifier la qualité ou le nombre d'articles achetés. Cependant, il ne s'agit pas simplement de saisir toutes les opportunités qui se présentent, mais d'adopter une approche stratégique et réfléchie pour maximiser les économies.

L'une des premières étapes pour profiter au mieux des promotions est de rester informé des offres en cours. Pour ce faire, les outils numériques sont des alliés précieux. De nombreuses applications permettent de suivre les promotions dans divers magasins et sites en ligne en fonction des produits que vous recherchez. Il est également judicieux de s'abonner aux newsletters des magasins de grande distribution et des boutiques spécialisées, qui envoient régulièrement des informations sur leurs offres promotionnelles. En étant proactif et en anticipant, il est possible de prévoir ses achats au moment où les prix sont les plus bas.

Mais profiter des réductions ne se limite pas à suivre les promotions existantes. La planification des achats constitue une étape cruciale. Au lieu de faire ses courses ou ses achats en ligne de manière impulsive, il est préférable d'établir une liste de ce dont vous avez réellement besoin et de guetter les offres correspondantes. Pour les articles de grande consommation et les biens durables, comme l'électroménager ou les vêtements, attendre les périodes de soldes ou les événements commerciaux spéciaux tels que le Black Friday peut se traduire par des économies substantielles. Planifier les achats en fonction de ces calendriers promotionnels vous permet non seulement de payer moins cher, mais aussi de mieux gérer votre budget annuel.

Une autre astuce pour tirer parti des promotions est de faire ses courses en ligne, où les comparateurs de prix peuvent être utiliser pour trouver la meilleure offre. Comparer les prix entre différents marchands est plus facile et rapide en ligne, et cela peut conduire à des économies considérables. De plus, certains sites internet proposent des codes de réduction ou des cashbacks, augmentant encore plus le potentiel d'économies. Utiliser des sites spécialisés pour cumuler ces avantages est une démarche additionnelle qui optimise les réductions obtenues.

En dehors des périodes de promotions classiques, les programmes de fidélité offerts par de nombreux magasins et sites de vente en ligne représentent une autre opportunité pour dépenser moins. En accumulant des points à chaque achat, il est possible de bénéficier de remises ou de cadeaux. Il est important de bien choisir les programmes de fidélité en fonction de ses habitudes de consommation afin de maximiser les avantages obtenus.

CONTINOUS

Ces programmes sont souvent gratuits et ne demandent qu'un engagement minimal de votre part.

Enfin, une approche éthique et avisée consiste à bien évaluer l'importance réelle de chaque achat, même lorsqu'il s'agit d'un produit en promotion. Acheter quelque chose simplement parce que son prix est réduit ne représentera pas une économie réelle si l'article en question n'était pas nécessaire ou s'il ne sera finalement pas utilisé. Il s'agit de garder un esprit critique et de rester concentré sur ses besoins et ses priorités.

Ainsi, profiter des promotions et des réductions exige une certaine organisation, de la patience et une prise de conscience accrue de ses besoins de consommation. En restant informé, en planifiant ses achats et en tirant parti des programmes de fidélité et des comparateurs de prix en ligne, il est possible de réaliser d'importantes économies qui contribueront à l'enrichissement personnel sans compromettre la qualité de vie.

Chapitre 6
Gagner plus : Développer un business.

Créer une entreprise

Créer une entreprise est souvent perçu comme un chemin complexe et semé d'embûches, mais c'est aussi une voie potentiellement très enrichissante pour ceux qui sont prêts à y consacrer temps, énergie et ressources. La première étape pour développer un business est de trouver une idée viable. L'identification d'un besoin non satisfait sur le marché est essentielle. Observer les tendances, analyser les lacunes actuelles et comprendre les besoins des consommateurs permet de trouver une idée qui a du potentiel. Par exemple, si vous remarquez un problème récurrent dans votre communauté ou dans votre secteur professionnel, cela peut être le point de départ de votre entreprise.

Une fois l'idée trouvée, il est crucial de la valider. Cela implique des recherches approfondies et, souvent, des entretiens avec des clients potentiels. Il ne suffit pas de croire que votre idée est bonne, il faut s'assurer qu'il existe un véritable marché pour celle-ci. Effectuer une étude de marché complète qui comprend l'analyse des concurrents, l'évaluation des prix et la compréhension des attentes des clients potentiels est indispensable.

Cette étude vous aidera à affiner votre idée et à développer une proposition de valeur claire et convaincante.

La recherche et l'élaboration d'un plan d'affaires solide sont les étapes suivantes. Ce document est essentiel pour définir votre vision, vos objectifs et les moyens d'y parvenir. Un bon plan d'affaires inclut une description détaillée de votre entreprise, une analyse de marché, une stratégie de marketing et de vente, des prévisions financières et une évaluation des risques potentiels. Un plan d'affaires bien conçu n'est pas seulement un guide pour vous-même, mais aussi un outil crucial pour attirer des investisseurs et obtenir des financements.

Le financement est souvent l'une des préoccupations majeures lors de la création d'une entreprise. Qu'il s'agisse d'économies personnelles, de prêts bancaires, d'investissements privés ou de levées de fonds, il est nécessaire de sécuriser suffisamment de capital pour lancer et développer votre entreprise. Il est important de bien évaluer vos besoins financiers et de chercher les sources de financement qui s'alignent le mieux avec votre projet et vos objectifs de croissance. Se lancer sans un financement adéquat peut conduire à des difficultés insurmontables dès les premières étapes.

Une fois les financements obtenus, la phase de mise en œuvre commence. Cette étape nécessite la gestion de plusieurs aspects tels que la création juridique de l'entreprise, la mise en place des opérations, le recrutement de l'équipe, et le développement des produits ou services. Il est essentiel de rester fidèle à votre plan d'affaires tout en étant prêt à s'adapter aux imprévus. La flexibilité et la résilience sont des qualités indispensables pour tout entrepreneur.

Le marketing et les ventes sont les éléments vitaux de toute entreprise.

CONTINOUS

Il ne suffit pas de créer un produit ou un service, il faut aussi le vendre. Développer une stratégie de marketing efficace, qui utilise à la fois des canaux traditionnels et numériques, est crucial pour attirer et fidéliser les clients. Il est également important de mettre en place un processus de vente clair et efficace, qui aide à convertir les prospects en clients et à générer des revenus.

Enfin, il est important de mesurer régulièrement la performance de votre entreprise et de prendre des décisions basées sur des données. Utiliser des indicateurs clés de performance (KPI) vous permet de suivre la progression de votre entreprise par rapport à vos objectifs initiaux et de faire les ajustements nécessaires pour assurer la croissance continue. Créer une entreprise est un voyage passionnant mais exigeant. Avec une idée solide, un plan détaillé, un financement adéquat et une exécution rigoureuse, vous pouvez transformer votre vision en une entreprise prospère.

Les différents business models

Dans le cadre de la stratégie visant à s'enrichir en gagnant plus, le développement d'un business constitue une voie prometteuse offrant de nombreuses opportunités. Établir une entreprise demande néanmoins une compréhension approfondie des différents business models disponibles, car cela conditionne la manière dont votre entreprise générera des profits et se différenciera sur le marché.

Traditionnellement, un business model repose sur

la vente de produits ou de services. Ce modèle simple et direct consiste à fournir une valeur ajoutée tangible, qu'il s'agisse de biens physiques ou de prestations, en échange d'une rémunération. Les entreprises manufacturières, les commerces de détail, les services de conseil ou encore les artisans s'inscrivent typiquement dans ce cadre. La clé du succès réside dans la capacité à offrir une proposition unique qui répond à une demande véritable du marché, et à savoir optimiser les coûts de production et de distribution.

Cependant, avec l'émergence des nouvelles technologies et la transformation digitale, des modèles économiques plus innovants ont vu le jour, reposant notamment sur l'économie de l'expérience et la digitalisation des services. Le modèle d'abonnement, par exemple, où les clients paient une somme récurrente pour accéder à un produit ou service sur une période donnée, a gagné en popularité grâce à sa stabilité de revenus et à la fidélisation qu'il engendre. Les plateformes de streaming, les logiciels en tant que service (SaaS), ou même les box d'abonnements mensuels pour des produits spécifiques en sont des exemples probants.

Un autre modèle intéressant est celui de la plateforme. Ici, l'entreprise agit comme un intermédiaire facilitant les transactions entre deux parties distinctes, les utilisateurs et les fournisseurs de services ou produits. Les géants comme Uber, Airbnb, et les places de marché comme Amazon et eBay, démontrent la puissance de ce modèle en exploitant l'effet de réseau, où la valeur de la plateforme augmente avec le nombre d'utilisateurs. Ce modèle nécessite une infrastructure technologique robuste et un excellent service à la clientèle pour gérer efficacement la relation entre les différentes parties prenantes.

Le modèle freemium est une variante du modèle d'abonnement où une version de base gratuite du produit ou service est offerte, accompagnée d'options payantes pour des fonctionnalités avancées ou premium. Ce modèle est particulièrement pertinent pour les applications mobiles, les services cloud, et les jeux en ligne. Il repose sur la capacité à convertir une certaine proportion des utilisateurs gratuits en clients payants, tout en maintenant un volume élevé d'utilisateurs pour stimuler l'engagement et la rétention.

Dans un registre plus flexible et adaptable, le modèle lean startup permet de démarrer avec des ressources limitées et de s'adapter rapidement aux retours des clients.

CONTINOUS

Ce modèle encourage l'expérimentation, la validation rapide des idées par le marché, et l'ajustement continuel du produit pour mieux répondre aux attentes des consommateurs. Cela réduit le risque financier initial et permet une croissance plus agile.

Enfin, le modèle direct-à-consommateur (DTC) a pris son essor avec le commerce électronique. En supprimant les intermédiaires, les entreprises peuvent offrir des produits à des prix plus compétitifs tout en conservant une relation directe et personnalisée avec leurs clients. Marques de vêtements, produits de beauté, et autres biens de consommation ont prospéré en créant des expériences d'achat uniques et en contrôlant entièrement leur image de marque et leurs canaux de distribution.

À travers ces différents business models, il est clair que la réussite repose autant sur l'originalité de l'idée de départ que sur la capacité à exécuter une stratégie adaptée et flexible, capable de répondre aux évolutions du marché et aux besoins changeants des consommateurs. En choisissant judicieusement le modèle le plus approprié à son secteur d'activité et à ses ressources, un entrepreneur peut maximiser ses chances de réussite et ainsi s'enrichir de manière pérenne.

Trouver des clients

Trouver des clients est une étape cruciale pour développer un business prospère. Cette activité requiert une combinaison stratégique d'efforts ciblés et d'une compréhension approfondie de son marché. Pour commencer, il est essentiel de bien définir sa cible. Cela signifie connaître son client idéal, ses besoins, ses habitudes et son comportement d'achat. Cette connaissance approfondie permet de créer des messages marketing qui résonnent véritablement avec eux. Un business, quel que soit son secteur, doit être capable de parler directement à ses clients potentiels, de leur montrer que ses produits ou services répondent précisément à leurs attentes et résolvent leurs problèmes spécifiques.

Ensuite, les relations jouent un rôle primordial. Il est nécessaire de construire et de maintenir un réseau étendu. Participer à des événements de l'industrie, des salons professionnels ou des conférences est une manière efficace de rencontrer des potentiels clients et partenaires. Les réseaux sociaux peuvent également être un outil puissant. LinkedIn, par exemple, offre une plateforme formidable pour établir des connexions professionnelles et pour partager du contenu pertinent qui peut attirer l'attention de prospects intéressants. Entretenir ces relations avec authenticité et constance peut mener à des opportunités d'affaires précieuses.

La présence en ligne est un autre levier indispensable pour attirer des clients. Un site web bien conçu et optimisé pour les moteurs de recherche (SEO) permet d'augmenter la visibilité de l'entreprise. Le contenu doit être clair, professionnel et démontrer toute la valeur ajoutée des produits ou services offerts. Les blogs et articles informatifs, en plus d'améliorer le SEO, positionnent l'entreprise comme un expert de son domaine, ce qui peut influencer positivement la décision d'achat des clients potentiels. Les réseaux sociaux comme Facebook, Twitter ou Instagram permettent d'élargir encore davantage la portée et d'engager directement avec la communauté.

Le marketing de contenu est également une stratégie efficace. Offrir des ressources gratuites telles que des livres blancs, des e-books ou des webinaires peut attirer des clients en démontrant l'expertise de l'entreprise. Cela aide à créer une relation de confiance dès le départ. Les emailings personnalisés peuvent aussi jouer un rôle important dans le développement de la clientèle, à condition qu'ils soient bien ciblés et apportent une réelle valeur aux destinataires. Des offres spéciales ou des promotions exclusives peuvent inciter à l'achat et fidéliser les nouveaux clients.

N'oublions pas l'importance des témoignages et des avis clients. Les recommandations et les retours positifs peuvent grandement influencer les décisions des prospects. Encourager les clients satisfaits à partager leur expérience via des avis en ligne ou des témoignages vidéo peut donc être extrêmement bénéfique.

CONTINOUS

Ces approbations agissent comme des garanties sociales, rassurant les nouveaux clients sur la qualité et la fiabilité de l'entreprise.

Il faut aussi être à l'écoute de ses clients actuels et potentiels. Le feedback est précieux pour ajuster l'offre et répondre toujours plus précisément aux attentes du marché. Faire des enquêtes de satisfaction ou des études de marché permet de rester en phase avec les besoins changeants des clients. Cette démarche d'amélioration continue renforce la crédibilité et l'attractivité de l'entreprise.

Enfin, la persévérance est la clé du succès. Trouver des clients ne se fait pas du jour au lendemain. Il faut se préparer à investir du temps et des efforts réguliers. La cohérence dans l'engagement et la qualité des interactions avec le marché finit par porter ses fruits. Peu importe la méthode ou le canal choisi, l'objectif doit toujours être de créer de la valeur pour le client. En suivant ces approches et en restant flexible face aux évolutions du marché, il est non seulement possible de trouver des clients, mais aussi de construire une base solide de fidèles.

Développer son réseau

Pour développer un business, il est essentiel de comprendre que le succès ne repose pas uniquement sur une idée brillante ou des compétences techniques impeccables. Un élément souvent sous-estimé mais crucial pour la croissance et la prospérité d'une entreprise est le réseau. Développer un réseau solide peut transformer une petite idée en une entreprise florissante. Il s'agit d'un processus où les relations humaines jouent un rôle central, en ouvrant des portes vers des opportunités inattendues, en offrant un soutien moral et en apportant des connaissances supplémentaires qui peuvent être déterminantes pour le succès.

Le réseau commence par les connexions personnelles. Chaque personne que vous rencontrez a le potentiel de devenir un allié précieux. Vos amis, collègues de travail, anciens camarades d'école, et même des connaissances occasionnelles peuvent tous contribuer d'une manière ou d'une autre à votre succès entrepreneurial. Ces individus peuvent offrir des conseils, partager leurs propres expériences ou vous introduire à d'autres personnes plus influentes dans votre domaine. Ils peuvent aussi servir de premiers clients ou partenaires, croyant en vous parce qu'ils vous connaissent déjà et vous font confiance. Alors, prenez le temps de cultiver ces relations, même celles qui ne semblent pas immédiatement utiles. Vous ne savez jamais quand une simple connaissance pourrait se transformer en un partenariat stratégique clé.

En outre, il est important de pénétrer des milieux professionnels plus larges. Participer à des conférences, rejoindre des associations professionnelles, et assister à des événements de networking sont des moyens efficaces pour rencontrer des personnes influentes et échanger des idées. Lors de ces événements, l'objectif n'est pas seulement de distribuer des cartes de visite, mais de créer des connexions authentiques. Prenez le temps de connaître les personnes que vous rencontrez, de comprendre leurs intérêts et défis, et explorez comment vous pourriez ceont être un soutien mutuel. Ces relations, fondées sur un respect et un intérêt partagé, sont souvent plus durables et bénéfiques que celles basées uniquement sur des intentions de profit.

Les réseaux sociaux représentent également une plateforme puissante pour développer et maintenir son réseau. Des plateformes comme LinkedIn, Twitter, et même des forums spécialisés permettent de se connecter avec des professionnels du monde entier. Partager régulièrement des contenus pertinents, participer à des discussions et offrir votre expertise de manière désintéressée peut vous établir comme une figure reconnue dans votre domaine. Cela attire l'attention des personnes influentes qui pourraient vous aider à faire progresser votre entreprise. Toutefois, ne perdez pas de vue l'importance de la qualité sur la quantité. Un petit réseau de relations solides et stratégiques est souvent plus précieux qu'un large réseau de connexions superficielles.

CONTINOUS

Il convient également de ne pas sous-estimer l'impact des mentors. Chercher activement des individus expérimentés qui ont déjà réussi dans votre domaine et apprendre de leurs succès et leurs erreurs peut vous faire gagner des années d'apprentissage. Les mentors peuvent offrir des conseils stratégiques, partager des ressources précieuses et parfois même ouvrir leur propre réseau pour vous. En retour, soyez prêt à écouter attentivement leurs conseils et à montrer une gratitude sincère pour le temps et l'énergie qu'ils investissent en vous.

Enfin, développez une attitude de réciprocité. Un réseau ne doit jamais être unilatéral. Pensez toujours à ce que vous pouvez offrir en retour, que ce soit en partageant des connaissances, en ouvrant votre propre réseau ou en offrant un soutien moral. En adoptant une approche altruiste, vous renforcerez les relations existantes et créerez un environnement où les autres seront naturellement enclins à vous rendre la pareille.

Ainsi, développer un réseau solide n'est pas un processus rapide, mais un investissement qui, lorsqu'il est bien entretenu, peut avoir des retombées exponentielles pour votre business. C'est une démarche qui nécessite des efforts sincères et constants, mais les bénéfices que vous en tirerez justifieront amplement l'engagement. En fin de compte, dans le monde des affaires, le dicton "ce n'est pas ce que vous savez, mais qui vous connaissez" reste plus que jamais pertinent.

Chapitre 7
Gagner plus : Innover et se diversifier.

Lancer de nouveaux produits ou services

Il n'y a rien de plus passionnant et potentiellement lucratif que de se lancer dans la création de nouveaux produits ou services. En choisissant cette voie, vous vous ouvrez à une multitude de possibilités pour accroître vos revenus et renforcer la stabilité financière de votre entreprise. Pour commencer, étudiez attentivement le marché afin d'identifier les besoins non satisfaits ou les problèmes non résolus. Cela peut se faire par le biais de recherches approfondies, de sondages auprès des clients potentiels ou en gardant simplement un œil actif sur les tendances émergentes. Une fois que vous avez une bonne compréhension des lacunes du marché, il est temps de laisser libre cours à votre créativité.

L'une des premières étapes consiste à générer des idées innovantes qui pourraient répondre aux besoins identifiés. Cette phase de conception est cruciale, car elle détermine la direction que prendra votre nouveau produit ou service. L'important ici est de penser au-delà des solutions évidentes et de rechercher des approches vraiment novatrices. Par exemple, vous pourriez envisager de combiner plusieurs technologies existantes de manière novatrice, ou de développer une fonctionnalité inédite qui distingue votre offre de celles des concurrents. Durant cette phase, le brainstorming en équipe peut se révéler extrêmement bénéfique, car il permet de rassembler diverses perspectives et expertises.

Ensuite, il est indispensable de valider cette idée avant de procéder à son développement complet. Cela peut impliquer la création de prototypes ou de versions bêta de votre produit ou service, que vous pouvez alors tester auprès d'un public restreint et représentatif de votre marché cible. Ces tests vous fourniront des retours précieux, non seulement sur les fonctionnalités du produit mais aussi sur son acceptabilité et son potentiel de succès commercial. Ne sous-estimez jamais l'importance de cette étape; les ajustements basés sur les retours des utilisateurs peuvent faire la différence entre un succès et un échec.

Après avoir validé votre idée initiale, le développement et le perfectionnement prennent le relais. Cette phase peut exiger un investissement significatif en termes de temps, de main-d'œuvre et de ressources financières. Il est essentiel de bien planifier et de budgétiser cette étape pour éviter les dépassements de coûts et les retards. Le développement inclut également la mise en place d'un processus de production efficace, qui garantit que votre produit ou service peut être délivré avec une qualité constante tout en optimisant les coûts.

Une fois le produit ou service prêt pour le marché, la prochaine étape cruciale est le lancement. Un lancement réussi nécessite une stratégie de marketing bien pensée et coordonnée. Commencez par créer un buzz autour de votre produit, en utilisant divers canaux de communication comme les réseaux sociaux, les blogs, et les influenceurs pour attirer l'attention.

CONTINOUS

Les relations publiques jouent également un rôle crucial; des articles et avis positifs dans des publications pertinentes peuvent accroître considérablement votre visibilité. À cela s'ajoutent les événements de lancement, les démonstrations, et les offres d'essai qui peuvent attirer les premiers utilisateurs et générer de l'engouement.

Le voyage ne s'arrête pas là; après le lancement, il est vital de continuer à surveiller les performances de votre produit ou service et à recueillir des retours des utilisateurs. Ces informations vous permettront d'apporter les améliorations nécessaires et d'assurer que votre offre reste compétitive et attrayante. L'innovation ne doit jamais cesser; elle est un processus continu qui s'alimente de l'évolution des besoins du marché et des progrès technologiques.

En résumé, lancer de nouveaux produits ou services est un moyen dynamique et potentiellement très rentable pour gagner plus. En combinant une analyse de marché rigoureuse, des concepts innovants, une validation avant développement, et une stratégie de lancement bien exécutée, vous augmentez vos chances de succès et ouvrez de nouvelles avenues pour la croissance et l'enrichissement.

Investir dans de nouveaux secteurs

Investir dans de nouveaux secteurs est une stratégie essentielle pour ceux qui cherchent à augmenter leurs revenus et s'enrichir durablement. En se tournant vers des domaines encore non explorés, il est possible d'identifier des opportunités de croissance qui offrent un potentiel de rentabilité plus élevé que les secteurs traditionnels. La diversification, en répartissant ses investissements dans différentes industries, permet également de minimiser les risques associés aux fluctuations du marché. Cependant, cette approche nécessite une préparation minutieuse, une compréhension approfondie des secteurs ciblés et une aptitude à l'innovation.

Avant de se lancer dans de nouveaux secteurs, il est crucial de mener une analyse approfondie des tendances du marché et de l'environnement économique général. Comprendre les dynamiques qui influencent un secteur particulier peut non seulement aider à identifier les opportunités potentielles, mais aussi à évaluer les risques inhérents. Par exemple, le secteur des technologies vertes connaît une croissance rapide en réponse à la demande croissante de solutions durables. Investir dans des technologies telles que les énergies renouvelables, les véhicules électriques ou la gestion des déchets peut offrir des rendements substantiels avec le temps.

Par ailleurs, il est impératif de se doter d'une solide base de connaissances sur le secteur choisi. Cela peut inclure des recherches sur les principaux acteurs du marché, l'évolution des réglementations, les innovations technologiques et les habitudes de consommation émergentes. Une telle compréhension permet de prendre des décisions éclairées et de développer des stratégies efficaces pour entrer sur le marché. Par exemple, s'intéresser au secteur des biotechnologies nécessite une compréhension des découvertes scientifiques récentes, des brevets et des possibilités de collaboration avec des institutions de recherche.

L'innovation joue un rôle clé lorsque l'on investit dans de nouveaux secteurs. Adopter de nouvelles approches ou technologies peut permettre de se démarquer de la concurrence et de capturer une part de marché significative. Une entreprise qui investit dans des solutions innovantes est souvent mieux positionnée pour répondre aux besoins futurs des consommateurs et s'adapter aux changements du marché. Par exemple, dans le secteur financier, l'adoption de technologies de la blockchain et des fintech peut révolutionner les services bancaires traditionnels, offrant des services plus rapides, plus sûrs et plus accessibles.

En outre, la diversification des investissements procure une certaine résilience face aux aléas du marché. En répartissant les investissements dans plusieurs secteurs, on ne met pas tous ses œufs dans le même panier, ce qui permet de compenser les pertes potentielles dans un secteur par des gains dans un autre.

CONTINOUS

Cette stratégie de gestion des risques est particulièrement utile dans les périodes d'incertitude économique, où certains secteurs peuvent être plus affectés que d'autres. Il est ainsi possible de maintenir une croissance stable des revenus, malgré les fluctuations du marché.

La collaboration avec des experts de chaque secteur constitue une autre démarche judicieuse. S'entourer de conseillers spécialisés permet de bénéficier de perspectives éclairées et de conseils stratégiques, renforçant ainsi la prise de décision. Par exemple, travailler avec des experts en technologies de l'information lors d'un investissement dans le secteur numérique peut aider à identifier les tendances potentielles et à exploiter les niches de marché inexplorées.

Enfin, une évaluation régulière de la performance des investissements et une adaptation de la stratégie sont essentielles pour maximiser les gains. Il est important de rester flexible et de pouvoir pivoter vers de nouvelles opportunités lorsque des changements se produisent sur le marché. Le suivi constant des investissements permet d'ajuster les portefeuilles en fonction des performances réelles et des prévisions futures, optimisant ainsi les rendements sur le long terme.

Investir dans de nouveaux secteurs est donc une démarche complexe mais potentiellement très lucrative. Cela nécessite une combinaison de recherche approfondie, d'innovation, de diversification et de collaboration. En adoptant une approche stratégique réfléchie, il est possible de capturer les opportunités de croissance les plus prometteuses et de construire une base financière solide pour l'avenir.

Développer des partenariats

Pour s'enrichir en gagnant plus, le développement de partenariats est une stratégie clé qui permet d'accroître ses revenus et d'optimiser ses ressources, tout en bénéficiant de synergies avec d'autres acteurs du marché. Développer des partenariats s'avère être une manière efficace de se positionner sur de nouveaux segments de marché, d'atteindre des clients diversifiés, et de mutualiser les compétences et les savoir-faire. Tout commence par l'identification des partenaires potentiels. La recherche doit être minutieuse, portée sur des entreprises ou des entrepreneurs dont l'activité, les valeurs et les objectifs sont compatibles avec les vôtres. Il ne s'agit pas simplement de s'associer mais de créer une vraie symbiose où chacun apporte une valeur ajoutée à l'autre.

Une fois les partenaires potentiels identifiés, il est essentiel d'instaurer un climat de confiance et de transparence. La communication joue ici un rôle fondamental. Il faut non seulement exposer clairement les motivations et les objectifs de la collaboration, mais aussi être à l'écoute des attentes et des besoins de l'autre partie. La transparence quant aux bénéfices mutuels, aux risques partagés et aux responsabilités de chacun est cruciale pour éviter les malentendus et les désaccords futurs. Vous devez vous assurer que les termes du partenariat sont bien compris et acceptés par tous, ce qui implique souvent la rédaction d'un contrat, détaillant les modalités de collaboration.

Une fois le partenariat établi, l'innovation doit être au cœur de la stratégie commune. Il s'agit de trouver des synergies et de co-créer des solutions ou des produits qui combinent vos atouts respectifs. Par exemple, si vous êtes un créateur de contenu et que vous vous associez avec une entreprise de technologie, vous pourriez ensemble développer une plateforme innovante qui bénéficie de votre expertise en contenu et de leurs compétences techniques. Cette approche permet non seulement de créer des offres uniques sur le marché, mais aussi d'ouvrir des voies nouvelles pour chaque partie prenante.

Le succès long terme d'un partenariat repose également sur une gestion efficace et une évaluation continue des performances. Il faut mettre en place des indicateurs pour mesurer les résultats, identifier les éventuels points d'amélioration et ajuster la stratégie si nécessaire. La flexibilité est ainsi essentielle pour répondre aux aléas du marché et aux évolutions des besoins des clients. Une revue régulière, où chacun fait un point sur les réussites et les défis rencontrés, permet de conserver une dynamique positive et de renforcer la coopération.

En termes de croissance financière, un partenariat bien géré peut entraîner une augmentation significative des revenus. En partageant les coûts de développement et de marketing, vous diminuer les dépenses tout en profitant d'une plus grande visibilité et d'une pénétration de marché accélérée.

CONTINOUS

Les partenariats ouvrent aussi la voie à des ressources financières supplémentaires en attirant des investissements extérieurs, grâce à une proposition de valeur plus solide et attractive.

Par ailleurs, la dimension humaine des partenariats ne doit pas être sous-estimée. La collaboration étroite peut conduire à des échanges riches en apprentissage et à un réseau professionnel élargi.

Ce réseau peut, à son tour, déboucher sur de nouvelles opportunités d'affaires, des recommandations et des soutiens dans diverses situations professionnelles. En essence, les partenariats, lorsqu'ils sont bien choisis et bien gérés, favorisent non seulement l'innovation et la diversification des sources de revenus, mais renforcent également votre position dans le marché et enrichissent votre capitaux social, intellectuel et financier.

Transformer ses idées en profits

Transformer ses idées en profits requiert un mélange habile de créativité, de persévérance et de compétences en gestion. L'idée pure ne vaut guère plus que l'air qu'on respire tant qu'elle ne se transforme pas en réalité tangible et profitable. Tout commence par la validation de l'idée elle-même ; une idée qui semble géniale à première vue peut ne pas avoir de marché ou ne pas être réalisable d'un point de vue technique ou financier. La première étape consiste à tester l'idée sur le marché, à travers des études de marché, des sondages ou des prototypes. Une fois l'idée validée, il est crucial de passer à l'étape de planification. Une bonne idée ne se suffit pas à elle-même ; elle doit être soutenue par une stratégie solide, un business plan détaillé, et une feuille de route claire. Définir les étapes essentielles, les ressources nécessaires et les compétences requises pour aboutir à un produit ou service commercialisable est vital. Cette phase permet également de prévoir les obstacles potentiels et les moyens de les surmonter.

L'innovation étant au cœur de la réussite, elle doit être intégrée de manière continue dans le processus de développement. Innover ne signifie pas seulement créer quelque chose de nouveau, mais aussi améliorer constamment ce qui existe, anticiper les besoins du marché et répondre aux feedbacks des clients. Il est crucial de créer une culture de l'innovation, où chaque membre de l'équipe est encouragé à proposer des idées et des solutions améliorées. Les meilleurs produits et services sont souvent ceux qui évoluent en permanence pour mieux satisfaire les attentes des clients. Une fois le produit ou le service prêt à être lancé sur le marché, le marketing joue un rôle déterminant dans le succès. Il s'agit de créer une marque forte, d'élaborer une stratégie de communication efficace et de choisir les canaux de distribution les plus appropriés. Le marché est saturé, et se démarquer est souvent une question de visibilité et de pertinence. Une campagne marketing bien conçue et bien exécutée peut transformer une bonne idée en un succès commercial.

La tarification est une autre composante essentielle. Le prix doit refléter la valeur perçue par le client tout en permettant de couvrir les coûts et de générer une marge bénéficiaire. Une stratégie prix mal ajustée peut ruiner les meilleures idées. Il est donc conseillé de procéder à des tests A/B pour déterminer le prix optimal, et de rester flexible pour s'adapter aux évolutions du marché. De plus, tout au long du chemin, il est essentiel de gagner la confiance des investisseurs et des partenaires. Obtenir des financements ou des alliances stratégiques peut accélérer le développement et le lancement de l'idée. Présenter un dossier solide, basé sur des prévisions réalistes et des objectifs clairs, peut attirer des investisseurs prêts à soutenir le projet.

Enfin, il est primordial de rester attentif aux feedbacks post-lancement.

CONTINOUS

Les retours des premiers utilisateurs peuvent fournir des informations précieuses pour ajuster et améliorer l'offre. À ce stade, l'agilité est de mise ; il faut être prêt à pivoter ou modifier l'offre en fonction des retours du marché. Une idée profitable est un processus dynamique, en constante évolution en fonction des besoins et des retours du marché. Transformer une idée en profits est un parcours exigeant qui demande vision, rigueur et flexibilité. Mais pour ceux qui y parviennent, la récompense est à la mesure des efforts investis.

Chapitre 8
Gagner plus : Négocier son salaire.

Préparation à la négociation

Se préparer à la négociation de son salaire demande une approche stratégique et réfléchie. Cette phase cruciale du processus commence par une auto-évaluation honnête et approfondie. Il est essentiel de bien connaître sa valeur sur le marché du travail, ce qui implique de dresser un inventaire détaillé de ses compétences, de ses expériences professionnelles, de ses réalisations et de ses qualifications. Prendre le temps de réfléchir sur les projets auxquels on a contribué et les résultats obtenus aide à renforcer sa confiance en soi et à se présenter comme un atout majeur pour son employeur potentiel ou actuel.

Une fois ce bilan personnel établi, il est indispensable de mener une recherche approfondie sur les salaires pratiqués dans son domaine d'activité. Cela permet non seulement de fixer des attentes réalistes, mais aussi de justifier ses demandes lors de la négociation. Pour ce faire, il convient de consulter des études salariales, des plateformes spécialisées, des forums professionnels et de solliciter des conseils auprès de collègues ou mentors. Cette collecte d'informations vous armera de données solides, renforçant ainsi votre argumentaire lors de l'entretien.

La compréhension de la situation financière et des pratiques salariales de l'entreprise avec laquelle vous négociez est également un aspect essentiel de la préparation. Savoir si l'entreprise est en croissance, confrontée à des difficultés financières ou en phase de restructuration peut influencer votre approche et le timing de vos demandes. La compréhension du contexte permettra d'adapter son discours en conséquence, de montrer une certaine sensibilité aux réalités de l'entreprise et de proposer des solutions qui bénéficient à toutes les parties prenantes.

La préparation mentale joue un rôle significatif dans une négociation réussie. Il est important de se préparer à divers scénarios, y compris un refus initial. Envisager plusieurs réponses et contre-arguments aide à rester serein et réactif. Se fixer un plan de repli, tel qu'un minimum acceptable ou des alternatives non salariales comme des avantages, des formations ou des horaires flexibles, permet de ne pas se retrouver démuni.

Pratiquer une négociation fictive avec un ami ou un mentor peut s'avérer très bénéfique. Cela permet de gagner en assurance et de perfectionner sa manière de présenter ses arguments.

L'un des aspects souvent négligés de la préparation est la prise en compte des aspects psychologiques. Il est capital de se rappeler que négocier son salaire ne signifie pas seulement obtenir plus d'argent, mais aussi se faire respecter et valoriser. Adopter une attitude positive, se montrer confiant sans être arrogant, et utiliser un langage assertif augmentent les chances de succès. Il est essentiel de rester calme et professionnel, même en cas de désaccord ou de tension. Une communication claire et respectueuse établit un climat de confiance, facilitant ainsi le dialogue.

CONTINOUS

Enfin, il est crucial de choisir le bon moment pour introduire la discussion salariale. La période de révision annuelle des salaires, la fin d'un projet important ou l'obtention de nouvelles responsabilités peuvent constituer des moments opportuns pour aborder le sujet. La patience et l'écoute sont des alliées précieuses ; il ne faut pas forcer la situation, mais plutôt saisir les opportunités qui se présentent naturellement.

En combinant une préparation méticuleuse, une compréhension approfondie du marché et des dynamiques internes de l'entreprise, ainsi qu'une approche psychologique adéquate, vous serez bien armé pour mener une négociation salariale efficace et fructueuse.

Les techniques de négociation

La négociation de salaire est souvent perçue comme une démarche délicate, voire intimidante. Pourtant, maîtriser l'art de la négociation est essentiel pour quiconque souhaite augmenter ses revenus et ainsi progresser sur le chemin de l'enrichissement. Pour réussir dans cette entreprise, il est crucial de se préparer minutieusement, de comprendre les dynamiques en jeu et de développer un ensemble de compétences spécifiques.

La première étape consiste à se renseigner sur les standards de rémunération dans votre domaine professionnel. Cela passe par la consultation de diverses sources telles que les enquêtes salariales, les forums de discussion professionnelle, les rapports de recrutement ou encore le partage d'informations avec des collègues ou des pairs. Connaître la fourchette salariale pour des postes similaires au vôtre vous permet de vous fixer un objectif réaliste et argumenté. Ces données sont également un excellent point de départ pour démontrer à votre employeur que votre demande se base sur des faits concrets et non sur de simples désirs personnels.

Une fois armé d'informations précises, il convient de réfléchir à votre propre valeur ajoutée. Que pouvez-vous apporter à l'entreprise qui justifie une augmentation de salaire ? Une analyse de vos réussites professionnelles, de vos compétences particulières et de votre contribution aux projets de l'entreprise constituera un levier puissant. Il est impératif de quantifier ces apports lorsque cela est possible. Par exemple, si vous avez été responsable d'un projet qui a permis de générer des revenus supplémentaires ou de réaliser des économies significatives, ces éléments concrets seront difficiles à ignorer par votre supérieur hiérarchique.

Une bonne préparation mentale est aussi essentielle pour aborder la négociation. La confiance en soi joue un rôle déterminant dans l'issue de l'entretien. Pour ce faire, pratiquer des techniques de visualisation positive où vous vous voyez en train de mener à bien la négociation peut s'avérer bénéfique. En parallèle, simuler des entretiens avec un mentor ou un collègue de confiance peut vous aider à anticiper les objections potentielles et à y répondre de manière calme et assurée.

La phase de négociation proprement dite doit être abordée avec diplomatie et empathie. Il est recommandé de commencer par une phrase positive, exprimant votre satisfaction à l'égard de votre travail ou de l'ambiance au sein de l'entreprise. Aborder directement le sujet après les salutations permet de ne pas tourner autour du pot, mais il est tout aussi important de montrer que vous comprenez les défis auxquels l'entreprise peut faire face. Plutôt que de formuler la demande comme une revendication, il est plus efficace de la présenter en termes de discussion autour de la reconnaissance de vos contributions et de vos aspirations professionnelles.

CONTINOUS

Écouter activement votre interlocuteur, reformuler ses propos pour démontrer votre compréhension et ajuster votre discours en conséquence montrent que vous êtes engagé dans un dialogue constructif. Ne craignez pas le silence après avoir énoncé votre demande ; parfois, laisser le temps à votre supérieur de réfléchir peut jouer en votre faveur. Si plusieurs points peuvent être négociés, comme des primes de performance ou des avantages supplémentaires en cas d'impossibilité d'une augmentation salariale immédiate, il est sage de les avoir en tête comme alternatives possibles.

Enfin, quelles que soient les réponses qui vous sont données, maintenir une attitude professionnelle et courtoise est indispensable pour préserver une bonne relation de travail. Une négociation n'est pas un combat pour obtenir ce que l'on veut, mais plutôt une forme de partenariat visant à créer une situation où chaque partie se sent respectée et considérée. En suivant ces techniques de négociation, vous augmenterez vos chances d'obtenir un salaire plus élevé, ce qui constituera une étape majeure vers votre enrichissement personnel.

Quand et comment demander une augmentation

Il n'y a jamais de moment parfaitement idéal pour demander une augmentation de salaire, mais certains moments et approches peuvent maximiser vos chances de succès. Le timing est essentiel. Vous devez prendre en compte plusieurs facteurs avant de faire votre demande. Par exemple, si votre entreprise traverse une période financière difficile, il pourrait être préférable d'attendre une période plus prospère. Il est également important de choisir un moment où votre supérieur immédiat n'est pas submergé par des projets ou des responsabilités urgentes. En d'autres termes, votre demande doit tomber à un moment opportun tant pour vous que pour l'entreprise.

En dehors du timing lié à la situation de l'entreprise, il est essentiel de considérer votre propre contribution et performance. Si vous venez de clôturer un projet important avec succès ou si vous avez récemment atteint ou dépassé vos objectifs, c'est le moment idéal pour appuyer votre demande sur ces réussites concrètes. Documentez vos réalisations et préparez des exemples tangibles qui démontrent clairement l'impact positif de votre travail sur l'entreprise. Avoir des données précises et des métriques claires peut rendre votre argumentaire plus convaincant.

La préparation est clé. Avant de prendre rendez-vous avec votre supérieur, effectuez des recherches minutieuses sur les taux de salaire dans votre industrie et pour des postes similaires au vôtre. Cela vous donnera une idée réaliste de votre valeur sur le marché et vous permettra de présenter une demande raisonnable et justifiée. Utilisez des ressources telles que des enquêtes salariales en ligne, des réseaux professionnels ou des discussions avec des recruteurs pour accumuler ces informations. Mieux vous êtes informé, plus votre demande sera solide et crédible.

Lors de la rencontre avec votre supérieur, il est crucial d'entrer avec une attitude positive et constructive. Privilégiez une approche collaborative plutôt que revendicative. Exprimez votre gratitude pour les opportunités et la confiance que l'on vous a accordées, et expliquez que vous souhaitez discuter de la reconnaissance de votre travail à travers une revalorisation salariale. Soyez prêt à écouter les points de vue et les préoccupations de votre supérieur et montrez-vous flexible. Si une augmentation immédiate n'est pas envisageable, vous pouvez explorer d'autres options telles qu'une progression salariale graduelle ou des avantages supplémentaires, par exemple des formations continues ou des opportunités d'avancement.

Dans votre discours, soyez clair et précis. Expliquez pourquoi vous pensez que votre demande est justifiée en vous basant sur vos réalisations documentées et les recherches salariales que vous avez effectuées. Évitez de comparer votre salaire à celui de vos collègues, car cela peut créer des tensions inutiles. Concentrez-vous plutôt sur votre propre mérite et la valeur ajoutée que vous apportez à l'entreprise.

Enfin, sachez que le refus fait partie du processus.

CONTINOUS

Si votre demande n'aboutit pas cette fois-ci,

demandez des retours constructifs et clarifiez avec votre supérieur ce que vous pouvez faire pour améliorer vos chances à l'avenir. Fixez ensemble des objectifs et des critères spécifiques que vous devrez atteindre pour justifier une augmentation lors d'une prochaine discussion. Cela montre votre engagement et votre volonté de progresser, tout en établissant une feuille de route claire pour le futur. La persévérance et l'ouverture au feedback sont deux qualités essentielles pour réussir dans cette démarche.

En résumé, demander une augmentation de salaire est un exercice délicat qui requiert une préparation minutieuse, un choix judicieux du moment et une approche diplomate et constructive. En vous appuyant sur des faits concrets et en faisant preuve de flexibilité, vous augmenterez vos chances de réussite et poserez les bases d'un dialogue continu et positif avec votre hiérarchie.

Les erreurs à éviter

Lorsqu'il s'agit de négocier son salaire, de nombreuses erreurs peuvent compromettre l'objectif principal : obtenir une rémunération plus élevée. Il est crucial d'aborder la négociation avec une préparation minutieuse et une stratégie bien pensée pour éviter les pièges courants qui peuvent non seulement amenuiser vos chances de réussir, mais aussi ternir vos relations professionnelles.

L'une des premières erreurs à éviter est le manque de préparation. Approcher une discussion salariale sans une recherche préalable peut être désastreux. Il est impératif de connaître la fourchette salariale pour le poste que vous occupez dans votre secteur, ainsi que le coût de la vie dans votre région. Une bonne compréhension du marché vous donnera des arguments solides pour justifier votre demande. De même, connaître la santé financière de l'entreprise peut vous aider à ajuster vos attentes et à négocier de manière réaliste. Ignorer ces informations pourrait vous amener à demander un salaire qui semble déconnecté de la réalité économique, ce qui pourrait nuire à votre crédibilité.

Une autre erreur fréquente est de se concentrer uniquement sur le salaire de base. La rémunération globale comprend souvent d'autres avantages tels que les primes, les congés payés, les assurances santé, et les possibilités de formation, entre autres. En négligeant ces aspects, vous pourriez passer à côté de bénéfices significatifs demandant uniquement une augmentation du salaire de base. Il est donc important de considérer et d'inclure ces éléments dans la négociation pour obtenir un package de rémunération globalement plus avantageux.

Le timing de la négociation est aussi un facteur essentiel à ne pas négliger. Choisir le mauvais moment pour aborder le sujet peut réduire considérablement vos chances de succès. Par exemple, demander une augmentation lors d'une période difficile pour l'entreprise ou juste après l'annonce des résultats financiers négatifs montre un manque de sensibilité à la situation globale. Attendre un moment plus opportun, tel qu'après avoir accompli un projet important ou à la suite d'une évaluation de performance positive, peut créer un contexte plus propice.

Ensuite, il est important d'éviter de laisser les émotions prendre le dessus. La négociation salariale doit rester un échange professionnel, pas une confrontation personnelle. L'hostilité, l'agressivité ou même la supériorité peuvent nuire à la discussion. Il est essentiel de rester calme, courtois et respectueux en toutes circonstances. Aborder la conversation avec une mentalité de collaboration plutôt que de confrontation peut faciliter un accord mutuellement bénéfique.

Une communication non verbale inappropriée peut également compromettre une négociation. Le langage corporel, les expressions faciales et même le ton de la voix jouent tous un rôle crucial. Assurez-vous de maintenir un contact visuel, d'adopter une posture ouverte et de parler avec assurance.

CONTINOUS

Évitez les signes de nervosité ou d'indécision, qui peuvent donner l'impression que vous n'êtes pas sûr de vos demandes ou de votre valeur.

Enfin, l'une des erreurs les plus préjudiciables est de ne pas avoir de plan de secours. Même si vous avez préparé une argumentation solide et choisi le bon moment, il est possible que votre demande ne soit pas acceptée. Il est judicieux de prévoir plusieurs scénarios de négociation – par exemple, envisager d'autres formes de compensation, comme une révision salariale à une date ultérieure, des jours de congé supplémentaires ou des opportunités de formation. Cela montre que vous êtes flexible et prêt à trouver un compromis, ce qui peut jouer en votre faveur à long terme.

En résumé, la préparation adéquate, la prise en compte de l'ensemble des avantages, le choix du bon moment, la gestion des émotions, une communication non verbale appropriée et la planification de solutions alternatives sont autant de clés pour éviter les erreurs courantes et maximiser vos chances de succès lors de la négociation de votre salaire.

Chapitre 9
Gagner plus : Renforcer ses compétences.

Continuer à se former

Se former continuellement est un impératif pour quiconque souhaite améliorer ses revenus sur le long terme. Dans un monde où la seule constante est le changement, rester statique n'est pas une option. Les compétences d'hier ne sont pas toujours pertinentes aujourd'hui, et celles d'aujourd'hui pourraient ne plus l'être demain. Ainsi, investir dans sa formation est un moyen possiblement rentabilisé de s'assurer une place de choix dans un marché du travail dynamique et compétitif.

D'abord, il est essentiel de comprendre que la formation continue ne se limite pas à l'acquisition de connaissances purement techniques ou professionnelles. Développer des compétences transversales, aussi appelées « soft skills », est tout aussi crucial. Par exemple, la communication, la gestion du temps, le leadership, et la capacité à résoudre des problèmes complexes sont de plus en plus valorisés par les employeurs et partenaires d'affaires. Renforcer ces compétences peut donner un avantage certain dans la négociation de salaires ou dans l'obtention de promotions.

Inévitablement, le monde numérique a bouleversé notre manière de travailler et a introduit de nouveaux secteurs d'activité. Il est donc judicieux d'acquérir des compétences qui alignent vos capacités avec ces nouvelles réalités. Apprendre à maîtriser des outils numériques, comprendre les bases du marketing digital, ou même s'immerger dans le monde de la programmation, peut ouvrir des portes vers des carrières plus lucratives. De plus, les plateformes d'apprentissage en ligne telles que Coursera, Skillshare ou Udemy offrent une vaste bibliothèque de cours accessibles à toute heure, rendant la formation continue plus flexible qu'auparavant.

L'auto-formation revêt également une importance capitale. Lire des livres, écouter des podcasts, assister à des webinaires ou s'abonner à des revues spécialisées peut contribuer à l'élargissement de votre champ de compétences. Ce type d'apprentissage découle souvent de l'initiative personnelle, témoignant de la motivation et de l'engagement de l'individu à rester à la pointe des évolutions de son domaine. Les conférences et les séminaires, en particulier ceux animés par des experts de l'industrie, permettent non seulement d'acquérir des connaissances, mais aussi de constituer un réseau professionnel précieux.

Par ailleurs, le mentorat est une autre voie efficace pour développer ses compétences. Travailler sous la guidance d'un mentor, quelqu'un qui a déjà parcouru le chemin que vous souhaitez emprunter, peut offrir des insights précieux et des conseils pragmatiques souvent absents des manuels traditionnels. Un mentor peut également faciliter l'accès à des opportunités professionnelles et aider à affiner vos capacités de prise de décision et de leadership.

Il convient également de souligner l'importance d'évaluer régulièrement ses compétences et de chercher activement des retours constructifs.

CONTINOUS

Un examen critique de vos performances professionnelles peut révéler des lacunes à combler ou des domaines où une formation supplémentaire est nécessaire. Cela peut se faire par le biais d'auto-évaluations, d'évaluations par les pairs ou même de discussions ouvertes avec vos supérieurs hiérarchiques.

Enfin, il est crucial de rester adaptable et ouvert au changement. L'apprentissage ne devrait pas être perçu comme une obligation, mais plutôt comme une opportunité continuelle d'évolution personnelle et professionnelle. Être flexible et prêt à explorer de nouvelles théories, méthodologies et technologies est une qualité indispensable pour celui qui cherche à augmenter ses revenus.

En conclusion, continuer à se former est une démarche proactive qui non seulement enrichit vos compétences, mais accroît aussi votre valeur sur le marché du travail. Cette stratégie, à son tour, crée de nouvelles opportunités pour augmenter vos revenus et atteindre vos objectifs financiers.

Acquérir de nouvelles compétences

Acquérir de nouvelles compétences est une démarche essentielle pour ceux qui choisissent la voie de la richesse par l'augmentation de leurs revenus. Dans un monde en constante évolution, que ce soit par l'innovation technologique ou les transformations économiques, l'adaptation et l'acquisition de nouvelles compétences offrent non seulement un avantage concurrentiel mais aussi une sécurité financière. La première étape pour développer de nouvelles compétences est de réaliser une auto-évaluation honnête et approfondie. Il est crucial de comprendre où se situent vos lacunes et quels domaines de compétence sont les plus en demande sur le marché. Ces informations peuvent provenir d'une multitude de sources, telles que des articles de recherche, des rapports du secteur ou des entretiens avec des professionnels de votre domaine.

Identifier les compétences qui sont non seulement en demande mais aussi alignées avec vos intérêts personnels et professionnels est la clé. Une compétence supplémentaire n'a de valeur que si elle peut être appliquée dans un contexte qui vous intéresse et dans lequel vous pouvez exceller. Une fois cette évaluation réalisée, l'apprentissage peut prendre plusieurs formes, allant de l'éducation formelle à des méthodes plus autodidactes. Les cours en ligne, les MOOCs (Massive Open Online Courses), les certifications professionnelles et même les formations internes en entreprise peuvent être des moyens efficaces d'acquérir des compétences. Les plateformes comme Coursera, Udemy, edX, et LinkedIn Learning offrent une pléthore de cours dans des domaines variés et à des niveaux de difficulté divers.

L'apprentissage ne s'arrête pas aux cours et formations. L'expérience pratique joue un rôle crucial dans la maîtrise de nouvelles compétences. Chercher des opportunités pour appliquer ce que vous avez appris est donc fondamental. Cela peut passer par la réalisation de projets personnels, l'intégration de nouvelles tâches dans votre travail quotidien ou la participation à des projets collaboratifs au sein de votre entreprise. En parallèle, il est important de se tenir constamment à jour avec les nouveautés de votre secteur. Lire des livres spécialisés, suivre des blogs et des podcasts, assister à des webinaires et participer à des conférences sont autant de moyens d'élargir vos connaissances et de rester pertinent dans votre domaine.

Développer des compétences transversales peut également s'avérer bénéfique. Des compétences telles que la gestion du temps, la communication, la résolution de problèmes et l'intelligence émotionnelle sont très souvent valorisées et peuvent augmenter votre efficacité professionnelle de manière significative. Ces compétences semblent parfois moins quantifiables que les compétences techniques, mais elles jouent un rôle immense dans votre capacité à progresser et à vous adapter dans un environnement professionnel dynamique.

En outre, le réseautage n'est pas à négliger.

CONTINOUS

Participer à des groupes de discussion, des ateliers, des meetups ou des séminaires peut non seulement vous offrir de nouvelles perspectives mais aussi des opportunités inattendues de mettre en pratique vos compétences et d'apprendre de l'expérience des autres. C'est aussi une excellente plateforme pour recevoir des feedbacks constructifs et des conseils d'experts dans votre domaine.

Enfin, persévérance et discipline sont des alliées de poids dans ce parcours. L'acquisition de compétences ne se fait pas du jour au lendemain, et il est crucial de rester motivé face aux défis et aux échecs potentiels. Établir un plan d'apprentissage clair, avec des objectifs à court et long terme, et suivre régulièrement ses progrès peut aider à maintenir l'enthousiasme et à atteindre les résultats souhaités. En résumé, acquérir de nouvelles compétences est un processus continu et multidimensionnel qui, bien que demandant du temps et des efforts, est un investissement inestimable pour augmenter vos revenus et sécuriser votre avenir professionnel.

Montrer sa valeur

Pour ceux qui cherchent à gagner plus, il est essentiel de comprendre l'importance de montrer sa valeur. L'une des premières étapes consiste à renforcer ses compétences. Lorsque vous devenez expert dans votre domaine ou que vous acquérez des compétences rares et recherchées, vous augmentez votre attractivité sur le marché du travail ou pour vos clients. L'auto-évaluation de vos compétences actuelles est cruciale. Identifiez les domaines où vous excellez et ceux où vous avez besoin d'amélioration. Une fois cette évaluation faite, engagez-vous dans des formations continues, qu'elles soient formelles, comme des cours universitaires ou des certifications, ou informelles, comme des webinars, des tutoriels en ligne, ou des lectures spécialisées.

Accroître ses compétences techniques est fondamental, mais il ne faut pas négliger les compétences interpersonnelles. La communication, la capacité à travailler en équipe, la gestion de conflits et d'autres compétences relationnelles sont de plus en plus valorisées dans le monde professionnel. Renforcer ces compétences peut faire une réelle différence et vous démarquer de la compétition. Par ailleurs, la maîtrise des outils numériques est devenue incontournable dans presque tous les secteurs. La familiarité avec les logiciels spécifiques à votre industrie, ainsi que la capacité à vous adapter aux nouvelles technologies, vous permettra de demeurer pertinent et compétitif.

En dehors des compétences spécifiques, il est vital de s'orienter vers une posture proactive et ambitieuse. Ne vous contentez pas de ce qui est attendu de vous ; cherchez toujours à aller au-delà et à apporter une valeur ajoutée unique. Cela peut se manifester par des initiatives personnelles visant à améliorer des processus existants, par la proposition de nouvelles idées, ou encore par la volonté de participer à des projets transversaux. Cette attitude proactive ne passera pas inaperçue et contribuera à peaufiner votre réputation de collaborateur indispensable et innovant.

En même temps, il est important de savoir comment communiquer efficacement ses réussites et sa valeur ajoutée. Documentez vos contributions et les résultats tangibles que vous avez obtenus. Créez un portfolio ou une liste de réalisations qui met en lumière vos compétences et vos succès. Soyez prêt à parler de ces accomplissements de manière concise et convaincante lors d'entretiens, de réunions ou même de discussions informelles.

Parallèlement, le développement d'un réseau professionnel solide est crucial. Les relations professionnelles peuvent ouvrir des portes inattendues et fournir des opportunités de croissance et de collaboration. Participez à des événements de votre domaine, rejoignez des groupes professionnels sur les réseaux sociaux, et ne sous-estimez jamais la valeur d'un bon mentorat. Un mentor expérimenté peut non seulement vous offrir des conseils précieux mais aussi vous faire profiter de son réseau.

Enfin, la patience et la persévérance sont essentiels.

CONTINOUS

L'accumulation de compétences et l'amélioration continue de soi ne produisent pas des résultats immédiats, mais sur le long terme, elles construisent une base solide pour des gains accrus et une croissance professionnelle durable. Adopter cette mentalité et se dédier à l'amélioration continue de ses compétences vous assurera de rester compétitif, tout en ouvrant de nouvelles avenues pour augmenter vos revenus. En somme, montrer sa valeur passe par un mélange audacieux de compétences solides, d'initiatives proactives, de reconnaissance de vos propres mérites, et de développement de relations professionnelles robustes.

Être proactif dans sa carrière

Être proactif dans sa carrière signifie prendre les rênes de son parcours professionnel plutôt que d'attendre passivement que les opportunités se présentent. Ce concept repose sur l'idée de toujours se positionner en acteur de son propre développement, en anticipant les besoins du marché et en se préparant à y répondre avant même que les opportunités ne se dévoilent. Pour ce faire, il est crucial de surmonter l'inertie et de sortir de sa zone de confort. Cela implique d'adopter une mentalité de croissance, où chaque échec est perçu non comme un obstacle mais comme une opportunité d'apprentissage et de progression.

Pour s'enrichir en augmentant ses revenus, il est primordial de continuellement renforcer ses compétences. Dans un monde en perpétuelle évolution, il est facile de se laisser distancer si l'on ne fait pas d'efforts constants pour rester à jour. Suivre des formations, participer à des conférences, lire des livres et des articles dans son domaine sont des moyens essentiels pour se tenir informé des dernières tendances et innovations. Cependant, il ne suffit pas seulement d'acquérir de nouvelles connaissances, il faut également savoir les appliquer concrètement. L'expérience pratique, les projets personnels et les stages sont autant de leviers qui permettent de mettre en œuvre ce que l'on a appris, de développer son expertise et de se démarquer aux yeux des employeurs ou des clients potentiels.

Par ailleurs, être proactif signifie également savoir se donner les moyens de ses ambitions. Cela peut passer par la recherche de mentors ou de coachs qui peuvent fournir des conseils avisés et un soutien précieux. Le réseautage est une autre facette incontournable de la proactivité. En cultivant un large réseau professionnel, on multiplie les chances de découvrir des opportunités cachées, de bénéficier de recommandations et de conseils, et de créer des synergies bénéfiques. Il est essentiel d'entretenir ces relations par des interactions régulières et sincères, en offrant également son aide lorsque c'est possible. Cette réciprocité renforce les liens et positionne positivement son image professionnelle.

Un autre aspect crucial de la proactivité dans sa carrière est la capacité à se fixer des objectifs clairs et atteignables. Ces objectifs doivent être spécifiques, mesurables, réalisables, pertinents et temporellement définis (SMART). En se fixant des objectifs de cette manière, on garde le cap et on peut mesurer ses progrès de manière tangible. Ces objectifs servent également de motivation, en fournissant un sentiment d'accomplissement à chaque étape franchie.

La visibilité joue aussi un rôle clé dans une carrière proactive. Il ne suffit pas d'être compétent, il faut aussi que cela se sache. Il est donc important de s'impliquer dans des projets visibles, de faire valoir ses réalisations et ses succès.

CONTINOUS

Être actif sur les réseaux sociaux professionnels comme LinkedIn, publier des articles, participer à des conférences ou des webinaires permet de se faire connaître et de valoriser son expertise.

Enfin, avoir une attitude proactive implique de savoir reconnaître et saisir les opportunités, même celles qui ne semblent pas parfaitement alignées avec le plan de carrière initial. Parfois, les opportunités les plus prometteuses viennent sous des formes inattendues. Il faut alors savoir évaluer rapidement leur potentiel et être prêt à prendre des risques calculés. Cette ouverture d'esprit et cette flexibilité sont souvent la clé des réussites les plus notables.

En résumé, être proactif dans sa carrière est un processus dynamique et constant d'amélioration personnelle et professionnelle. Cela exige de la détermination, de la curiosité, une capacité d'adaptation et un engagement inébranlable envers ses propres ambitions. C'est en adoptant cette approche proactive que l'on maximise ses chances de s'enrichir et d'atteindre ses objectifs financiers.

Chapitre 10
Conclusion : Trouver le bon équilibre.

Évaluer ses priorités

Évaluer ses priorités constitue une étape cruciale dans la quête pour s'enrichir, qu'on opte pour augmenter ses revenus ou réduire ses dépenses. Avant toute chose, il est essentiel de se connaître soi-même. Cela commence par une introspection profonde sur ce qui compte vraiment pour nous. Les valeurs personnelles, les objectifs de vie et les aspirations individuelles diffèrent d'une personne à l'autre. La première étape de cette évaluation consiste donc à définir clairement ce que l'on veut accomplir et pourquoi. S'agit-il d'assurer un avenir financier stable pour sa famille, d'accéder à une retraite confortable ou de réaliser un rêve personnel comme voyager à travers le monde ? Les motivations variées influenceront directement la stratégie à adopter pour s'enrichir.

Une fois que ces objectifs sont clairs et bien définis, il devient fondamental de les prioriser. C'est-à-dire, déterminer ce qui est vraiment essentiel et ce qui l'est moins. Cette hiérarchisation des priorités permet de mieux orienter ses efforts et de ne pas s'éparpiller. Par exemple, si la sécurité financière à long terme est primordiale, on pourrait privilégier l'épargne et les investissements sûrs et constants. En revanche, si le désir de liberté et d'indépendance financière est élevé, on pourrait envisager de se lancer dans un projet entrepreneurial plus risqué mais potentiellement plus lucratif.

La gestion du temps est également un critère à ne pas négliger dans cette évaluation. Le temps est une ressource précieuse et limitée. Consacrer trop de temps à des activités peu lucratives ou coûteuses peut nuire à l'atteinte de ses objectifs financiers. Ainsi, une analyse minutieuse de la façon dont on passe son temps quotidiennement peut révéler des opportunités d'optimisation. Il devient alors possible de réaffecter ce temps à des activités plus alignées avec ses priorités financières, que ce soit en développant des compétences professionnelles pour augmenter ses revenus ou en apprenant des stratégies d'économie efficaces.

Il est également important d'examiner son environnement et ses influences extérieures. Les amis, la famille, les collègues et même la société en général peuvent impacter la manière dont on perçoit nos priorités. Quelquefois, la pression sociale peut pousser à des dépenses inutiles ou à des choix de carrière insatisfaisants. Prendre du recul pour évaluer l'impact de ces influences externes permet de réaliser des choix plus en phase avec ses véritables aspirations. Par ailleurs, se entourer de personnes partageant les mêmes objectifs financiers peut constituer une source de motivation et de soutien non négligeable.

Aussi essentiel, la gestion de ses émotions joue un rôle clé dans l'évaluation de ses priorités. Les décisions financières sont souvent teintées par des émotions telles que la peur, l'avidité ou la culpabilité.

CONTINOUS

Par exemple, la peur de manquer peut inciter à une frugalité excessive, tandis que l'avidité peut pousser à prendre des risques inconsidérés pour augmenter ses revenus. Apprendre à gérer ses émotions et à prendre des décisions rationnelles est crucial pour maintenir un équilibre entre gagner plus et dépenser moins. Cela suppose une certaine discipline personnelle et, parfois, l'acquisition de compétences en gestion financière par le biais de formations ou de lectures spécialisées.

Pour finir, l'évaluation de ses priorités ne devrait pas être un exercice ponctuel mais plutôt un processus continu. La vie change, les objectifs évoluent et les circonstances se transforment. Faire régulièrement le point sur ses priorités permet de s'ajuster et de rester sur la bonne voie dans la quête de l'enrichissement. Au final, c'est la congruence entre ses valeurs, ses dépenses, ses revenus et la gestion de son temps qui déterminera le succès financier et l'harmonie entre gagner plus et dépenser moins. Cette évaluation continue est la clé pour trouver et maintenir cet équilibre délicat mais indispensable à l'enrichissement.

Combiner les deux stratégies

Combiner les deux stratégies de réduction des dépenses et d'augmentation des revenus est non seulement possible, mais c'est aussi la méthode la plus efficace pour s'enrichir de manière durable. En intégrant ces deux approches dans votre quotidien, vous pouvez créer un cercle vertueux qui maximisera vos économies tout en augmentant votre pouvoir d'achat. Pour réussir cette combinaison, il est essentiel de bien comprendre comment chaque stratégie peut se compléter et s'enrichir mutuellement.

La réduction des dépenses, tout d'abord, constitue une base solide pour toute gestion financière saine. En identifiant les dépenses inutiles et en cherchant à les réduire, non seulement vous épargnez de l'argent, mais vous simplifiez également votre vie. Adopter une mentalité de frugalité vous permet de mieux apprécier la valeur des choses que vous avez déjà et de ne pas succomber facilement aux tentations de la consommation impulsive. Cette habitude de vigilance financière vous rend plus conscient de vos priorités et de vos véritables besoins, vous permettant de vivre plus sereinement et de concentrer vos ressources sur ce qui compte réellement pour vous.

Parallèlement, travailler à augmenter vos revenus complète cette rigueur avec une attention à la croissance. Qu'il s'agisse de négocier une augmentation de salaire, de développer une activité secondaire, ou de commencer un business, chaque effort investi dans cette direction crée de nouvelles opportunités financières. Contrairement à la réduction des dépenses qui s'appuie sur un contrôle interne et souvent passif, augmenter ses revenus est une stratégie proactive qui exige de l'initiative, du dynamisme et une certaine dose de créativité. Mais ces qualités ne se développent pas en vase clos ; elles sont souvent stimulées par la discipline et la sécurité financière que vous offre une gestion stricte des dépenses.

Le véritable pouvoir de combiner ces deux stratégies réside dans leur effet multiplicateur. Lorsque vous avez déjà réduits vos dépenses inutiles, chaque euro supplémentaire que vous gagnez se transforme en épargne ou en investissement avec un potentiel d'augmentation exponentiel. De cette manière, le seuil auquel vous atteignez l'indépendance financière se rapproche plus rapidement. À mesure que vos revenus augmentent et que vos dépenses restent contenues, votre capacité à investir s'amplifie, générant potentiellement de nouvelles sources de revenus passifs, que ce soit par le biais de l'immobilier, des actions ou d'autres placements financiers.

Un autre avantage souvent sous-estimé de la combinaison des deux stratégies est la résilience financière qu'elle procure. En adoptant une approche équilibrée, vous êtes mieux préparé à faire face aux imprévus financiers. Une augmentation de revenus seule pourrait sembler être une solution provisoire si les habitudes de dépenses ne changent pas. De même, une seule réduction des dépenses pourrait ne pas suffire à long terme si vos revenus stagnent.

CONTINOUS

Ensemble, ces deux stratégies forment un bouclier protecteur contre les aléas économiques et personnels, vous permettant de naviguer les défis financiers avec plus de confiance et de stabilité.

Enfin, combiner les deux approches renforce votre discipline et votre motivation. Voir les résultats concrets de vos efforts sur vos finances — un compte d'épargne qui grossit, des dettes qui diminuent, des investissements qui croissent — peut être incroyablement gratifiant. Cette satisfaction alimente un cercle vertueux de bonnes habitudes, de prise de décisions éclairées et de succès financier continu.

En conclusion, l'enrichissement durable ne réside

pas uniquement dans le fait de dépenser moins ou de gagner plus, mais dans la synergie de ces deux stratégies. Ce n'est qu'en trouvant un juste équilibre entre ces deux approches que vous pourrez véritablement transformer votre situation financière, construire une sécurité à long terme et peut-être même atteindre l'indépendance financière.

Planifier pour l'avenir

Planifier pour l'avenir n'est pas seulement une question de prévision financière, mais aussi une démarche stratégique qui permet de conjuguer la prudence et l'initiative. Pour s'enrichir de manière durable, il est crucial de définir ses objectifs, d'élaborer un plan détaillé et de rester adaptable aux changements. La première étape de cette approche consiste à se fixer des objectifs clairs et réalisables. Il ne suffit pas de vouloir être riche ; il est essentiel de déterminer ce que cela veut dire pour vous et comment vous comptez y parvenir. Voulez-vous acheter une maison, épargner pour la retraite, ou peut-être investir dans des aventures entrepreneuriales ? Ces projets nécessitent un plan personnalisé, adapté à votre situation et à vos aspirations.

Une fois ces objectifs en place, la planification financière devient un outil indispensable. Il s'agit de dresser un bilan précis de vos revenus et de vos dépenses, afin de mieux comprendre votre situation actuelle et d'identifie des pistes d'amélioration. Les tableaux et les applications de gestion financière peuvent être des alliés précieux pour maintenir un suivi régulier de vos finances. Ce travail de fond permet de déterminer quelles sont les ressources disponibles pour investir ou épargner, tout en s'assurant que les besoins du quotidien sont correctement couverts.

Il est également important d'anticiper les imprévus. La vie est pleine d'incertitudes, et il faut se préparer à faire face à des situations inattendues. Constituer un fonds d'urgence, équivalant idéalement à trois à six mois de dépenses courantes, est une mesure préventive judicieuse. Ce coussin financier vous permettra de faire face à des dépenses imprévues sans compromettre votre parcours vers l'enrichissement.

Ensuite, vous devez évaluer les opportunités de gain et les stratégies d'économie susceptibles de contribuer à la réalisation de vos objectifs. Si vous optez pour augmenter vos revenus, cela peut passer par une formation continue, le développement de nouvelles compétences ou l'exploration de nouveaux débouchés professionnels. Vous pouvez également envisager des activités complémentaires, comme le freelancing ou des investissements diversifiés. Parallèlement, la réduction des dépenses superflues et une consommation plus consciente permettent de libérer des ressources financières supplémentaires. Dans ce contexte, il ne s'agit pas seulement de se priver, mais d'adopter une approche plus réfléchie à l'égard de vos achats et de vos habitudes de vie.

Les investissements ne doivent pas être négligés. Qu'il s'agisse d'actions, de biens immobiliers, ou même de petites entreprises, investir intelligemment offre la possibilité de générer des revenus passifs et de multiplier les sources de richesse. Cependant, il est crucial de bien se renseigner, d'analyser les risques et de diversifier ses placements pour ne pas mettre tous ses œufs dans le même panier.

CONTINOUS

Demander conseil à des experts financiers peut également se révéler utile pour éviter les erreurs coûteuses.

Enfin, la pérennité de cette démarche repose sur une révision régulière et une capacité d'adaptation. Les contextes économiques, professionnels et personnels évoluent, et il en va de même pour votre plan financier. Prendre le temps de revoir périodiquement vos objectifs, votre budget et vos investissements permet de rester aligné avec vos aspirations et de corriger la trajectoire si nécessaire. Cette flexibilité est la clé pour naviguer efficacement vers une situation financière stable et prospère.

En conclusion, planifier pour l'avenir, ce n'est pas simplement tracer une ligne droite vers l'objectif d'être riche, mais c'est savoir jongler avec la réalité quotidienne, les imprévus et les opportunités, tout en restant centré sur ses aspirations. C'est cette capacité à équilibrer les stratégies de gain et d'économie, tout en ajustant constamment son plan, qui permet finalement de s'enrichir et de maintenir cette richesse sur le long terme.

Construire une vie enrichissante

Construire une vie enrichissante requiert plus qu'un simple équilibre entre gagner plus et dépenser moins ; cela demande une vision holistique de ce que signifie être véritablement « riche ». Une vie enrichissante ne se mesure pas seulement en termes d'argent accumulé, mais en termes de satisfaction personnelle, de bonheur et d'accomplissement. Ainsi, le premier pas vers une vie enrichissante réside dans la définition de vos aspirations profondes et de vos valeurs. Comprendre ce qui vous motive, ce qui vous passionne et ce qui nourrit votre âme est essentiel pour que vos efforts financiers soient alignés avec votre quête de sens.

Sur cette base solide, la gestion intelligente de vos finances prend toute son importance. Il est indéniable que réduire les dépenses inutiles et simplifier sa vie contribuent grandement à la tranquillité d'esprit et à l'indépendance financière. En éliminant les surplus, vous vous concentrez sur l'essentiel et vous vous entourez de ce qui compte vraiment. Cela peut signifier réduire vos possessions matérielles, mais aussi gérer votre temps et votre énergie de manière plus judicieuse. En adoptant une attitude minimaliste, non seulement vous économisez de l'argent, mais vous libérez de l'espace mental et physique pour des expériences plus significatives.

Parallèlement, développer vos revenus est une stratégie essentielle pour construire une vie enrichissante, à condition que cette démarche soit elle aussi en accord avec vos valeurs. Que vous choisissiez de négocier un meilleur salaire, de lancer un business ou de diversifier vos sources de revenus, l'important est de rester fidèle à ce que vous êtes. Augmenter ses revenus doit être vu non pas comme une finalité en soi, mais comme un moyen de réaliser vos ambitions et de vivre la vie que vous désirez.

L'équilibre entre ces deux stratégies repose finalement sur une gestion avisée et cohérente de vos finances, où chaque dépense et chaque source de revenu sont alignées avec vos objectifs de vie. Cet équilibre nécessite également une certaine flexibilité et capacité d'adaptation aux changements de votre vie et de votre environnement économique. En investissant judicieusement et en vous formant continuellement, vous augmentez vos chances de maintenir cet équilibre sur le long terme.

Il est également crucial de comprendre que la richesse matérielle n'est qu'un des aspects d'une vie enrichissante. La qualité de vos relations, votre santé physique et mentale, votre développement personnel et votre engagement social sont tout aussi essentiels. En prenant soin de ces dimensions, vous construisez une vie riche en expériences, en amour et en satisfaction, ce qui, en fin de compte, constitue la véritable richesse.

Enfin, la gratitude et la reconnaissance envers ce que vous avez déjà sont souvent les grands oubliés dans la quête de l'enrichissement.

CONTINOUS

Prendre le temps de célébrer vos succès, petits et grands, et d'apprécier les moments présents vous permettra de rester motivé et de maintenir un esprit positif. Car, au bout du compte, une vie enrichissante se mesure non seulement à ce que vous avez accumulé, mais aussi à la joie et la plénitude que vous en retirez chaque jour. C'est cette harmonie, ce juste équilibre entre gagner plus, dépenser moins et cultiver une vie riche de sens et de valeurs qui constitue le véritable chemin vers l'enrichissement.

Sommaire

Chapitre 1 - Introduction à l'enrichissement.

Définition de l'enrichissement   9

CONTINOUS   11

Les objectifs financiers   12

CONTINOUS   14

Les grands courants de pensée   16

CONTINOUS   18

Pourquoi vouloir s'enrichir ?   19

CONTINOUS   22

Chapitre 2 - Les bases de la gestion financière.

Établir un budget   25

CONTINOUS   27

Suivre ses dépenses   28

CONTINOUS   31

www.ingramcontent.com/pod-product-compliance
Lightning Source LLC
Chambersburg PA
CBHW050216230526
45470CB00001B/414